JN440728

배고프제,
밥 줄까?

이 도서의 국립중앙도서관 출판예정도서목록(CIP)은 서지정보유통지원시스템
홈페이지(http://seoji.nl.go.kr)와 국가자료공동목록시스템(http://www.nl.go.kr/kolisnet)에서
이용하실 수 있습니다. (CIP제어번호 : CIP2019031542)

배고프제,
밥 줄까?

초판 1쇄 발행 2019년 9월 1일

지은이 박재명

펴낸이 임병천
펴낸곳 책나무출판사
출판신고 2004년 4월 22일 (제318-00034)

주소 서울시 영등포구 신길3동 325-70 3F
전화 02-338-1228 **팩스** 0505-866-8254
홈페이지 www.booktree.info

ISBN 978-89-6339-631-6 03810

어느 수의사의
세상 사는 이야기

배고프제, 밥 줄까?

| 박재명 산문집 |

책나무출판사

목차

1
살며 생각하며

2
산 따라 물 따라

3

사모곡

4

한 우물

1

살며 생각하며

산은 산이요

'산은 산이요, 물은 물이로다.'

수 해 전 큰스님이 돌아가시기 전에 남긴 이 짧은 한 줄 글이 세상을 놀랍게 만들었다. 그분이 어떤 어른이었는지도 몰랐지만 생전에 이런 글귀를 남기고 이런 삶을 살아오신 분이라며 매스컴이 떠들기에 비로소 알게 되었다.

이 한 줄 글귀에 어떤 진리가 담겨있기에 세상 사람들이 놀라움을 표현하는지 우매하게도 알지 못했다. 누구나 다 알고 있는 산을 산이라고 했을 뿐인데 그게 뭐가 대단하다며 호들갑 떠는지 이해 못 하는 좁은 소견이 있었을 뿐이었다. 철학가나 학자는 으레 사람들이 알지 못하는 글귀를 만들어 내기를 잘하는데, 그 말의 유명세도 그런 류의 한 가지려니 하고 치부하였다.

이상하게도 '산은 산이요, 물은 물이로다'라는 말이 그걸로 잊어버렸으면 좋겠는데 그렇게 되지 않았다. 산행을 하다 전망 좋은 바위에 앉아 쉴 때도, 드넓은 호수 앞에서 아무런 생각 없이 무료할 때도 심지어 술자리에서도 '산은 산이요, 물은 물이로다'라는 말이 저절로 떠올랐다. 자연 그 말 속에 담긴 뜻과 철학에 대한 궁금증이 늘어났다.

지난 학기 수업 시간에 교수님께서 나누어 주신 잡지를 출근길 기차 안에서 펼쳐 보았다. 몇 편의 수필을 읽어 가던 중에 남 선생님의 작품을 읽게 되었다. '우리는 무엇을 보고 듣든지 그대로 보기보다는 내 사고와 내 관념에 맞춰 본래의 모습을 잊고 왜곡되게 윤색하고는 한다. 산을 산으로, 물은 물로 보지 못하는 것이다.'라는 글이 눈과 가슴 동시에 들어왔다.

그제야 성철 스님의 글귀가 무엇을 뜻하는지 대강 알 듯했고, 그동안 풀리지 않던 숙제가 해결되는 듯하여 속이 시원해졌다. 그래, 그랬지! 등산하러 갔다가도 '이 정도 산세라면 부근의 땅값은 얼마나 될까?', '식당이나 펜션을 하면 어느 정도 가치가 있을까?'라며 산을 산으로 보지 않고 물욕을 채워 주는 부동산으로 보아왔던 것이 사실이었다.

나뿐만 아니라 세상의 대부분 사람들도 산을 산으로 보기보다 자신의 욕심을 채워 줄 다른 무엇으로 보지 않을까? '산이 나를 불러 산에 간다.'라는 사람들보다 '산이 거기 있어서 산에 갈 뿐이다'라던 어느 산악인의 말이 생각난다. 산이 나를 찾을 것이라는 생각 또한 자기중심적으로 산의 본래 모습을 왜곡한 소치는 아닐까. 산을 산으로 보지 않고, 물을 물로 보지 않는 세태에 대한 큰스님의 가르침 한 마디가 이젠 크게 보였다.

어찌 산만 그럴까? 우리가 살아가는 일상에 사용하는 일상의 도구며, 주변의 식물이며, 보이지 않는 곳에서 기어 다니는 미물들 역시 마찬가지다. 돌이켜 보니 그런 것들에게 당연히 사람을 위해서 존재하는 물건이라고 단언하며 돈으로 막 대하지 않았던가!

이제는 그런 것들에 대해 주관적 사고를 버리고, 그 자체의 순수한 존재 가치를 먼저 보기로 했다. 이기심을 결부시킴으로써 평소에 그들을 업신여겼으나 다시 생각해 보니 그들도 나름 존재에 대한 존엄성이 보이는 듯하다.

'산은 산이요, 물은 물이로다'라는 말의 참뜻은 인간 중심의 어떠한 사물과 미물에게도 욕심을 버리고 겸손하게 다가서면 상대에 대한 존재 가치와 존엄성을 보인다는 뜻인 것 같다. 생명이 없는 사물과 미물에게도 그러할진대 하물며 매일 부대끼며 감정을 나누는 이웃을 어떻게 보아 왔던가? 상대를 사람으로 보지 않고 욕심을 채우기 위한, 출세를 위한, 필요에 따라 걸림돌로 여기거나 디딤돌로 이용하지 않았을까? 이런 생각까지 미치니 지금껏 길지 않았던 삶들이 험하고 거친 세상이었음에 소름의 가시가 돋는다.

이제부터라도 산은 산으로 볼 뿐만 아니라 사람도 사람으로 보아야겠다. 세상의 모든 사람들이 산을 산이라 보고, 물을 물이라고 보는 세상이라면, 그곳이 바로 천당이요. 극락의 세상이 아닐까?

도시의 포로

동네 앞 하천을 가로지르는 다리 위에 섰다. 시원하다기보다 이글이글 타는 여름 날씨로 순간 호흡이 턱턱 막힌다. 물 흐르던 시냇가 풍경이 참 많이 달라졌다. 물굽이가 완연하던 예전 모습은 더 이상 찾아볼 수 없다. 곧고 쭉 뻗은 일직선의 양쪽 제방이 성벽처럼 버티고 있다.

가을이 될 때까지 맑게 흐르던 물줄기는 보이지 않고, 군데군데 생긴 작은 웅덩이에 물이 조금 고여 있을 뿐이다. 웅덩이에 갇힌 물고기는 오도 가도 못 하여 며칠 내로 강물이 불어나지 않는 한 운명은 절망적으로 보인다. 쉬 말라버리는 시내를 바라보는 내 속도 가뭄으로 타들어 가는 듯하다.

여름 내내 멱을 감던 바위 밑 물돌이가 있던 곳은 제방으로 변했고, 동네 앞을 지키던 아름드리 버드나무는 송두리째 없어졌다. 동네도 하천도 물기 없이 메마른 곳이 되고 말았다. 자라면서 보아왔던 것들은 다 어디로 갔나. 세월이 많은 것들을 건조하게 바꾸어 놓았다.

그때 오전에는 매미 잡고 시냇가에서 멱을 감다가, 오후가 되면 소를 몰아 산으로 갔다. 소는 소대로 마음껏 풀을 뜯고, 아이들은 멱을 감고 숨바꼭질을 즐겼다. 저녁답이 되면 너나없이 토끼에게 먹일 칡잎을 따 모아 허리춤에 차고 소를 몰아 집으로 왔다. 마지막으로 할아버지께서 끓인 쇠죽을 소에게 주면 그날의 일이 끝났다.

저녁이 되면 마당에 멍석도 깔고, 모깃불이 피어오르면 어머니가 만들어 주시는 칼국수를 먹었다. 반딧불이 빛을 따라 동네 어귀부터 시냇가까지 쏘아 다녔다. 멍석에 누워서 어머니가 들려주는 옛날이야기를 듣다 보면 어느새 쏟아져 내리는 별을 덮고 잠이 들곤 했다.

동네를 들썩이던 아이들 소리는 이제 더 이상 들리지 않는다. 400명이 넘게 다니던 중학교는 벌써 폐교되었고, 600명이 넘던 초등학교 학생은 겨우 20명에 불과하다고 한다. 발가벗고 멱 감던 시냇물도 없어지고, 집집마다 키우던 누렁이 소들도 없어졌다.

예전에 도회지로 나가던 버스는 사람들을 가득 태워서 다녔는데, 지금은 겨우 두어 명만 타고 다닌다. 밤길을 홀로 밝히는 가로등만 동네를 지키며 별을 삼키는 쓸쓸한 시골의 밤이다. 시끌벅적했던 여름밤 시골 이야기는 영영 돌아올 수 없는 시절의 얘기가 되었다.

지금은 가로수 길을 마당 삼은 고층 아파트에 산다. 8월 중순이 되어도 한밤의 열기는 한층 더 고조된다. 올여름엔 전력이 모자란다고 낮 동안 냉방기 가동을 멈추게 했고, 밤이 되면 도심의 열기가 건물을 타고 올라왔다.

이 못된 열기를 이기기 위해 창문을 열어보지만 4차선 도로를 질주하는 자동차 소리가 우르르 쏟아져 들어온다. 가끔 머플러 터진 오토바이가 굉음을 토하며 지나가기라도 하면 사람도 가로수와 함께 자지러진다. 환한 도시 불빛에 매미도 밤이 깊도록 낮인 양 운다. 하지만 차 소리와 조화되지 않은 매미 소리는 고약한 도시의 소음으로 변해 버렸다.

8월의 열기와 소음을 피해 밤길을 나섰다. 밤하늘을 가득 채우던 별을 대신한 인공조명 아래 잠 못 드는 사람들이 북적이고 어떤 사람들은 자정이 넘도록 오수(汚水)가 흐르는 실개천을 따라 맴돈다. 벤치에 우두커니 앉아 보니 빽빽한 도심은 화려하지만 빌딩마다 창문마다 사람들의 신음이 새어 나온다.

적막강산에 빠진 농촌의 사람들이 모두 어디로 갔나 했더니 모두 이곳으로 왔는가 보다. 도란도란 이야기를 들려주던 어머니 세대는 세상을 떠나고, 도시로 떠났던 삼촌들은 노년이 되었고 나도 그 뒤를 따르고 있다. 그리움에 그리움을 더하는 동안 어느새 나이티가 난다. 하나둘 흰머리가 생기고, 주름살이 늘어나며 눈도 침침해진다. 주어진 직장 생활도 머지않아 끝난다. 마뜩잖은 도시의 생활을 벗어나고자 계획을 세워보지만 용기가 점점 줄어든다.

하루가 다르게 저녁놀이 점점 더 붉게 탄다. 아침저녁으로 부는 바람이 선득선득하다. 여름이 떠나갈 준비를 하는가 보다. 여름이 가고 새로운 계절을 맞으면 또 어떤 그리움으로 살까. 도시의 포로가 되어버린 지금 유년에 각인된 시골 풍경만 영영 떠나지 않을 것 같다.

회색 사람들

며칠간 겨울비까지 내릴 정도로 많이 포근했다. 이대로 겨울은 끝나는 것일까 했는데 설을 전후해서 또다시 날씨가 맵다. 설 명절이 끝나고 출근하는 길에 눈송이 하나가 눈썹을 툭 하고 건드린다. 하늘을 보니 눈구름으로 온통 잿빛이다. 오늘은 얼마나 많은 눈을 뿌려 줄지 내심 기대되는 날이다.

눈이 오면 교통이 불편하고, 녹을 때 지저분해서 싫다는 사람들이 의외로 많지만 난 눈 오는 날이 좋다. 특별한 까닭이 없음에도 설레는 마음이 요동친다. 눈 오는 날이면 강아지처럼 학교 마당이며 뒷산으로 뛰어놀던 유년의 추억이 아직도 생생하다. 그래서인지 아직도 눈이 오면 만사 제쳐두고 산으로 들로 달려가고 싶다. 눈을 이고 있는 노송 숲길을 사랑하는 사람과 함께 걷고 싶은 마음은 덤이다. 그런 상상을 하는 것만으로도 행복해진다.

눈 온 날 풍경은 언제 보아도 탄성을 자아낸다. 단순한 흑백 세상인데 왜 이토록 흥분하게 되는가? 아마 흑백이 만들어 내는 간결함의 조화가 아닐까 싶다. 흑백영화 흑백사진에서 오래전에 잃어버린 추억을 기억해내는 무의식 탓일지도, 아니면 다양한 천연색 세상에 잠재된 식상함에서 잠시 벗어나고픈 심리적 이유도 될 듯하다.

몇 점 눈이 내리는가 싶더니 눈발은 어느새 거센 함박눈으로 변하였다. 지붕도 도로도 나무도 금방 하얀 눈가루를 덮어썼다. 눈 오는 설경에 취하다 오늘은 왠지 회색빛 하늘의 배경에 마음이 끌린다. 그러고 보니 평소에 많은 관심을 두지 않았던 회색빛에 대해 생각해 보게 된다.

회색! 검은 것도 아니고 흰 것도 아닌 어중간한 색깔, 아니 검은색과 흰색을 섞으면 이도 저도 아닌 색깔인 탓에 회색을 좋아한다는 사람을 많이 보지 못했다.

늘 보던 맑은 날을 벗어나 하루쯤은 회색이면 어떠하겠는가. 눈 온 날 회색빛 하늘은 눈이 쌓인 곳을 희다고 하지 않고, 눈이 닿지 않는 응달진 곳을 검다고 배척하지 않는다. 모두 감싸 안아주며 좋은 풍경을 만들어 낸다. 너무도 선명하게 대비되는 흑백의 대립을 적당히 보완해주는 회색 배경이야말로 진정한 겨울 풍경의 출연자라고 생각한다.

요즘을 보면 흑백이 요동치는 세상인 것 같다. 찬반 설전이 뜨겁고 사사건건 시비를 가려야만 하는 비판의 시대이다. 이것 아니면 저것을 택해야 하고, 의견이 다른 사람들은 적이라도 되는 듯 몰아붙인다. 정치집단과 이익집단들이 그렇고 언론도 덩달아 춤춘다.

같은 사안을 두고 서로가 틀리다고 주장하는 진실 게임 세상이다.

곳곳에 의견 충돌이 일어나다 보니 틀리다는 것과 다르다는 것에 대한 혼돈이 많은 세상이다. 혼돈이 심해져 의견이 다른 사람들을 적대시한다.

그런 사람들 틈에서 난 회색 빛깔 사람이 좋다. 역사 속 좌우 이념놀이에서 회색분자로 일컬어지는 기회주의자가 될 수도 있겠지만 불행한 역사가 만들어 낸 피해자일 뿐이다. 그들은 기회주의자라기보다, 오히려 흑백논리에 쉽사리 휩쓸리지 않고 조정하는 원만함을 가지고 있다. 자기들이 주장하는 것 외에는 귀를 기울이지도, 이해하려 들지도 않고 쏟아지는 온갖 비난을 다 받아 내는 사람들이다.

회색 사람들이 흑백 사람들보다 훨씬 더 많다. 그들은 인내 속에 양 진영의 창과 방패를 무디게 만들어 안정을 꿈꾼다. 그런 면에서 회색 사람들은 눈 오는 날이 연출하는 풍경처럼 세상을 조화롭게 가꾸어나가는 사람들이다.

회색 사람들이 없다면 우리가 사는 세상이 얼마나 더 험악해질까 하는 상상을 해 본다. 사람 사는 일을 틀리다가 아니라 다르게 보는 사람들이 회색인이다. 흑백 사람들이 회색 사람들을 많이 염두에 두었으면 좋겠다. 회색인들이 불안하면 민심이 불안하다. 급기야 회색 사람들이 일어서면 정말 사회가 폭발한다. 자신들의 옳고 그른 주장에 회색인을 먼저 배려하는 세상, 이해해 주는 세상을 그려본다. 그러면 모두가 아름답다고 느끼는 눈 오는 날의 풍경 같은 세상이 우리 곁에 훨씬 가까이 있지 않을까.

작은 것에 대한 배려

텔레비전 화면에 뱀을 만난 두꺼비 이야기가 나온다. 뱀을 만난 두꺼비는 도망이 아니라 맞서기로 결심했는가 보다. 몸을 벌떡 일으켜 세우더니 제 몸을 한껏 부풀려 올렸다. 그것도 모자라 뱀 앞에서 팔굽혀펴기를 보란 듯이 하면서 기세를 과시했다. 갑작스러운 두꺼비의 행동에 뱀이 잠시 당황하며 머뭇거리더니 슬그머니 자리를 피하였다.

두꺼비를 닮은 행동이 우리 사람들에게도 없을까 하는 생각에 자가용 크기와 두꺼비 몸짓을 비교해 보았다. 이미 생활화된 자가용을 좀 더 큰 것으로 바꾸려는 것이 우리들의 생각이다. 그 나이, 그 신분에 맞지 않게 작은 차를 타면 소심하게 보이기도 하고, 큰 차를 타는 사람에게서 왠지 모를 중후함을 느끼는 것이 솔직한 정서다. 그래서 우리는 여유가 조금 모자라더라도 좀 더 큰 차를 타며 타인에게 과시하거나 예우를 받고자 한다.

돌이켜 보면 80년대 시민들은 새벽 출근길부터 콩나물시루 같은 대중교통을 이용하는 것이 전쟁 같은 생존의 시작이었다. 그 과정을 딛고 90년대가 되면서 산업화와 도시화를 착착 이루어 냈다. 그리고 그간 수고로움에 대한 보상이라도 받으려는 듯 서서히 자가용 시대가 열리기 시작했다.

더 돌아보면 한 집 건너 이웃들이 농업을 버리고 도회지에 나가면 한동안 소식을 끊었다. 농부들은 더 이상 지긋지긋한 농사일을 자식에게 물려주지 않겠다며 더 좋은 학교와 직장을 찾아 아이들을 도시로 내보냈다. 농사일보다 도회지에서의 돈벌이가 훨씬 좋았다는 사람들, 큰 대학을 졸업하여 성공한 아들들이 하나둘 고향에 찾아들었다. 그들의 금의환향은 큼직하고 검은 자가용 한 대로 설명되었고, 남아 있는 사람들에게 선망의 대상이 되었다.

한 삼 년 전까지 작은 차를 타던 나에게 드디어 중형차(中型車)를 처음으로 장만할 기회가 왔다. 굳이 큰 차가 필요한 것은 아니었다. 경차를 운전하면 오토바이도 우습게 보고 함부로 덤비며 추월하거나 끼어든다던 아내의 경험. 지인들도 나이에 맞게 이제는 큰 차를 타야 한다며 은근히 종용하였다. 내심 큰 차가 전혀 싫은 바도 아니었기에 자의 반 타의 반으로 은근슬쩍 장만하였다.

창문을 닫으면 세상 소음들과 단절된 조용함이 있었고, 다양하고 안락한 실내 장치와 넓은 공간이 무엇보다 마음에 들었다. 그리고 사람들에게 받는 시선의 무게가 좀 더 무거워지는 것도 그 차를 타는 최고 이유라는 생각이다.

차를 운전하는 대부분의 시간이 혼자였다. 기름을 가득 채우고도 며칠 타지 못하는 불합리함은 마음을 불편하게 했다. 시간이 갈수록 차가 크게 보여 왠지 몸에 맞지 않는 헐렁한 양복을 입고 다닌다는 생각이 들었다. 그럴수록 작은 차로 바꾸고자 하는 마음의 싹이 조금씩 자라났다.

가까운 지인들은 경차로 바꾸겠다는 생각에 마치 기인(奇人)을 보듯 이해를 못 하겠다는 반응이었다. 그러던 얼마 전에 기름값이 하루가 다르게 치솟았다. 그러자 '이것은 아니다.'라는 기세를 앞세워 중형차에 대한 마음의 미련을 버리고 처분했다.

무려 넉 달을 기다려 다시 경차를 장만했다. 여자들이나 젊은 사람들에게 꼭 어울릴 정도로 크기와 모양이 깜찍하고 귀여웠다. 그런 경차를 두고 사람들은 어울리지 않게 볼지 조금 걱정되었다. 경차를 타고 큰길에 나서면 때로 작다는 이유로 큰 차에게 못마땅하다는 시선을 받아 더러 속상하기도 하다. 하지만 깜찍함과 더불어 '면제', '반값' 또는 '환불'이라는 단어가 이 차에 장착되어 있으니 한편으로는 만족스럽다.

과학자들은 작은 세상을 현미경을 통해 들여다본다. 작은 것을 통해 큰 것을 밝히겠다는 뜻이다. 산업디자인을 하는 사람들은 큰 것이 거추장스럽다며 조금이라도 작게 디자인하려고 노력한다.

작은 것을 통해 큰 것을 만들고 이루려고 한다. 이름 모를 미생물과 하찮은 미물들이 지구 환경을 살리고, 쌀 한 톨과 밀 한 톨들이 모여서 지구상에 동물들을 살찌운다. 작은 것을 무시하거나 거두지 않으면 큰 것들은 존재하지 못한다.

개미가 코끼리 얼굴을 볼 수 없듯 큰 자가 작은 자를 보호하는 것이 순서이며, 이런 모습에서 큰 자의 듬직함을 찾을 수 있다. 오늘도 크고 강한 자가 작고 약한 것들에 대해 좀 더 배려해야 하는 세상의 길을 달린다.

보(洑)

청주에서 상주까지 고속도로가 시원하게 열리는 바람에 고향 가는 길이 훨씬 수월해졌다. 평지 길을 돋우어서 낸 길과 달리 이 길은 산을 깎고, 뚫고, 다리를 놓아서 연결한 길이다. 산을 좋아하기에 차를 타고 산 중턱을 달린다는 것이 즐겁다. 중간중간 산에서 마을로 내려오는 능선을 수직 절벽으로 뚝 자른 곳을 지날 때면 마음이 아파져 온다. 이렇게 큰 산의 기운이 단절되어 행여 나쁘게 흐르지는 않을지, 이 산에서 저 산으로 넘나들던 짐승의 길이 막히지는 않았을지 생각하면 더욱 그렇다. 차라리 터널을 뚫었으면 좋았을 걸 어찌 저리 모질게 잘라버렸단 말인가.

먼 길을 달린 고속도로에서 내려 일반 도로로 가는 길에 낙동강을 건너게 된다. 은빛으로 빛나는 물길은 늘 부드러운 곡선으로 흐르고, 가장자리로 펼쳐지는 흰 모래와 갈대밭을 보면 어릴 적에 즐겨 부르던 동요 속 한 풍경과 딱 맞아떨어진다.

예로부터 사람들은 강변을 중심으로 물을 얻어 삶의 터전을 이루고 풍요로운 마을을 만들었다. 넘치는 자연의 혜택이 많으니 인심도 덩

달아 좋다. 살기 좋은 농촌은 정말 물에서부터 시작되는가 보다. 강을 길게 가로지른 다리를 건너면 이 좋은 풍광을 보면서 잠시 쉬어가라는 듯 언덕 위에 관수루(觀水樓)라는 정자가 있다.

한 번쯤 쉬었으면 하던 곳이었는데, 고향 가는 마음이 바빠서 늘 지나치던 곳이었다. 오늘은 그런 마음 내려놓고 정자에 올라 잠시 쉬어가기로 했다. 수루에 올라보니 언제부턴가 시작되었던 거대한 보(洑)를 만드는 공사가 마무리 단계에 있었다. 긴 시간이 아니었음에도 수십 길 되는 높이의 기둥과 물막이 공사가 마무리되고 물도 어느 정도 가두어졌다. 보 위에 고여 있는 수면은 예전보다 훨씬 넓어져 모래사장을 잠식하고, 물길의 끝도 더 멀리 내다보였다. 그리고 아래로는 원래 강바닥보다 훨씬 깊어진 채, 수문으로 물을 힘차게 쏟아내고 있었다.

저 수문의 육중한 무게로 물길을 완전히 막으면 생길, 강이 아닌 거대한 호수를 상상해 본다. 보 위아래로 자유롭게 유영하던 물고기는 더 이상 거슬러 올라가지 못할 텐데, 물고기의 이산(離散)은 우리가 걱정하지 않아도 될까. 수심이 깊어진 물고기는 어떻게 적응하면서 살 것인지, 모래 속에 살던 조개들의 운명은 또 어떻게 될까. 눈에 보이지 않는 생물들의 엇갈린 운명을 공연히 상상해 본다.

관수루(觀水樓)라! 물길을 바라보기 위해 세워진 정자인 듯한데, 누각을 세운 이들은 이렇게 변할 줄 짐작이나 했을까? 지금껏 보아오던 규모와 영 다른 거대한 보를 바라보니 내가 어릴 적 처음 접했던 보에 대한 추억이 떠오른다.

내 고향은 위천(渭川)의 가장 상류에 위치한 곳이다. 여름 장마 한 철에만 큰물을 일구곤 두어 달도 되지 않아 이내 하천 바닥을 드러내는 곳이다. 깊은 산골이었음에도 동네 앞을 흐르던 하천은 건너편 앞산까지 폭이 꽤 넓었다. 구불구불 흐르는 물길을 따라 어느 곳은 웅덩이가 되고, 어떤 곳에서는 실개천처럼 좁아지다가 또 어떤 곳은 넓게 펴지면서 자유롭게 흘렀다. 산기슭 밑으로 흐르다 바위에 부딪혀 깊게 파인 소(沼)에는 아이들이 여름 한 철 동안 멱을 감고 낚시도 하였으며, 겨울이면 넓은 하늘이 열려 연 날리던 곳이었다.

새마을운동이 한창일 때 강 모양이 많이 바뀌기 시작했다. 육중한 불도저가 강바닥 돌을 양쪽으로 밀어내어 제방을 만들고, 제방 밖으로는 농경지를 만들었다. 그러다 큰물이 내려가면 제방이 무너지고 새로 복구하길 반복하는 동안 제방은 돌망태로 점점 더 견고하게 쌓여갔다. 물굽이가 뚜렷하던 모습은 사라지고, 물길이 반듯하게 흐르기 시작했다. 곳곳에 만들어졌던 소(沼)도 없어지고, 강물이 흐르는 시간은 점점 짧아져 갔다.

그러던 어느 날 하천에 큰 공사가 시작되었다. 동네 사람들이 부역으로 동원되어 강바닥을 파기 시작했다. 전기도 들어오지 않던 동네에 발전기까지 갖추고 밤낮으로 공사하였다. 강바닥을 깊이 팔수록 사람들은 긴 사다리를 타고 내려가 작업하고, 양수기는 땅속 물을 쉬지 않고 퍼 올렸다. 처음엔 무슨 공사였는지 몰랐지만 어른들의 말을 들으니 보를 막는 것이라고 일러주었다.

하천 바닥인 암반까지 땅을 판 다음 지표면까지 시멘트 공사를 해서 둑을 만든다는 것인데, 이를테면 땅속에 저수지를 만드는 것이라 설명해 주셨다. 그렇게 되면 땅속으로 흐르던 지하수가 갇혀서 가뭄에도 쉬 마르지 않고 물을 오래 쓸 수 있게 되는 공사였다.

마침내 보를 만드는 공사가 완성되었다. 정말 보 위에는 물이 잘 마르지 않았다. 보에 넘치는 물은 옆으로 물꼬를 터 하천부지로 보내니 자갈밭이 논으로 바뀌었다. 해마다 물이 모자라던 가뭄철에도 강바닥을 조금만 파도 물이 솟았고, 지하수를 끌어 식수로도 썼으니 사람들은 여러모로 물 걱정을 덜게 되었다. 수십 년 전에 만들었던 보는 지금도 마르지 않고 계속 물을 쏟아 낸다. 예전보다 비가 자주 온 탓도 있겠지만 보가 가져다준 혜택은 지금도 계속된다.

관수루에서 보를 바라본다. 보의 규모에 압도되어 아름다운 강변 풍경이 흐려진다. 그간 보아왔던 보의 물 가두기 방식과 다른 모습을 보니 보에 대한 생각이 낯설어졌다. 지하수가 아닌 흐르는 강물을 가두기 위한 거대한 공작물을 보면서 이것이 보일까? 아니면 저수지 혹은 댐일까? 라는 의문을 품게 했다. 이런 거대한 보가 우리에게 주는 혜택과 자연이 입게 될 상처는 과연 얼마나 큰 차이가 있을까 하는 공연한 걱정을 해본다.

보에 갇힌 거대한 물줄기가 더 선명하고 길게 보이며 하류와 명암을 달리한다. 앞으로 이 보를 중심으로 위아래에는 어떤 변화가 생길까? 사람이 좀 더 편리함을 얻기 위한 이기심 뒤에 자연의 희생은 불가피하다. 그러나 사람들이 좀 불편하게 살더라도 자연에 상처는 조금만 주었으면 좋겠다는 생각이 뇌리를 스쳐 지나간다.

한편으로 이산가족처럼 헤어진 물고기 운명이 남과 북을 갈라놓은 휴전선 같다는 뜬금없는 생각이 든다. 이 보를 본격적으로 가동하면 위아래가 서로 소통이 되지 않을 것은 자명하니 이것이 가장 큰 걱정이 아닐까 싶다. 보 아래로 폭포처럼 쏟아져 내리는 물살이 하얀 앞니를 드러내듯 웃는다. 그 웃음이 우리에게 전하는 의미는 정녕 무엇일까?

늘 푸른 세상

인생을 살며 언젠가는 가야 할 죽음에 대해 생각해 본다. 죽음의 순간에 맞게 될 고통과 공포는 얼마나 클까? 죽은 후 시신이 된 모습은 또 얼마나 초라하고 처참할까? 죽음에 대한 오래된 생각으로 죽는 그 순간은 정말 애써 외면하고 싶었던 것이 지난날의 생각이었다.

인생의 절반을 훌쩍 넘기고 나면서 죽음에 대한 생각이 변하기 시작했다. 부모님과 친척 그리고 가까운 지인들의 주검을 지켜보며 나에게도 닥칠 일임을 담담하게 받아들인 것이다. 중학생과 고등학생이 되고 대학을 거쳐 군대를 다녀와 결혼하여 가족을 일구는 인생의 과정처럼, 아이들도 같은 삶을 따라오고, 부모님이 앞서간 길을 따라 걷는다. 그 길을 걸으며 인생을 좀 더 의미 있고 성숙한 삶으로 마감해야 하지 않겠나 하는 생각이 점점 깊어간다.

하루가 멀다고 자살 소식이 들려오는 어수선한 세상이다. 우리가 살아가는 세상에 몹쓸 유행병처럼 떠돌아다니는 듯하다. 이런 소식을 접할 때마다 사람이 얼마나 모질면 자기 목숨을 자기가 끊을까 하는 생각이 든다. 그런 죽음을 면면히 들여다보면 목숨을 끊는 자만의 일이 아니라 일가친지에게 또 다른 불행을 만들기도 한다.

먼 나라 인도에서 병들고 가난한 집안에 살고 있던 11살 소녀 멈피 사르카르의 안타까운 자살 소식을 들었다. 다행히 가족에게 발견되어 응급치료를 받았지만 끝내 숨졌고, 가족들은 사연도 모른 채 고이 화장을 해주었다고 한다.

사르카르의 유서는 나중에 발견되었다. 시력을 잃어가는 아버지와 신장병을 가진 오빠에게 장기를 주기 위해 스스로 죽음을 택했단다. 딸의 어이없는 죽음을 나중에 알게 된 어머니도 슬픔이 병이 되어 끝내 돌아가시고 말았다고 한다.

내 가족에게 살아서도 선뜻 장기의 일부를 떼어 주기가 쉽지 않건만, 사랑하는 가족을 위해 목숨을 던진 11살 소녀의 지극한 효심. 죽음으로 가족을 살리려 했으나 뜻을 이루지 못한 채, 어머니마저 돌아가시게 한 사연이 한참이나 마음을 울렸다.

살아서 장기 일부를 기증하는 방법도 있는데 어찌하여 다짜고짜 죽음부터 선택했단 말인가. 장기기증에 대한 올바른 지식을 알려주지 못했다는 사회적 책임도 어린 소녀를 죽음으로 내몬 것 같아 안타까움이 더하였다.

언젠가 장기기증 운동이 한창일 때 동참하겠다는 생각을 했었다. 그러나 육체와 의식이 회생 불가능한 순간에도 육체에 들이댈 칼날에 대한 공포와 내 몸 일부가 다른 사람에게 옮겨지는 것에 대한 두려움으로 선뜻 실천하지 못하였다.

인도에서 전해진 어린 소녀의 사연이 마음을 움직이게 했을까? 그동안 막연했던 장기기증에 대해 용기를 내었다. 이런 슬픈 사연이 다시 생기지 않기 바라는 마음으로 장기기증의 가족이 되고자 회원가입 신청을 했다. 막상 가입하고 나니 그동안 장기기증에 대해 가지고 있던 두려움이 홀가분한 마음으로 바뀌었다.

사르카르의 죽음은 안타까운 잘못이었지만 헛되지만은 않은 것 같다. 한 독지가가 소녀의 아버지와 오빠를 무료로 치료해 주겠다고 나섰고, 세계의 수많은 사람들이 장기기증 운동에 동참하였다고 한다. 소녀의 사연으로 어디선가 생명의 가는 끈을 이어가는 사람들에게 희망의 등불이 밝아지길 소망해 본다.

'사랑의 장기기증 가족이 되신 것을 축하드립니다.' 하트가 그려진 작은 장기기증 등록증을 정식으로 받았다. 운전 면허증에도 증표를 새겼다. 난 그들과 약속한 것이 아니라 자신과 약속한 것이다. 이제부터 내 몸은 누군가의 일부일 수도 있다. 그 사람을 위해 몸을 더 깨끗하고 건강하게 가꾸고 정신적으로도 좀 더 성숙한 삶을 살기로 다짐해본다.

장마 뒤끝, 저 멀리 보이는 숲이 오늘따라 더 깨끗하고 푸르다. 숲이 늘 푸른 것은 숲속에서 늘 지고 생기는 나무들이 다 함께 어우러져서가 아닐까. 오늘 죽은 저 나무가 옆에 있는 나무에게 거름이 되고, 새 생명을 잉태하는 자양분이 된다. 생명을 마감할 때 나도 누군가의 삶에 밑거름이 되어 우리 사는 세상이 저 숲처럼 늘 푸르렀으면 좋겠다.

느티나무의 꿈

긴 가을 가뭄으로 나뭇잎이 떨어지는 장치가 고장이라도 나버린 탓일까? 은행나무, 밤나무 잎은 첫서리를 맞으면서 이미 다 떨어졌는데, 사무실 창밖 느티나무는 아직 빛바랜 잎을 바스락거리며 달고 있다. 밤새 어떤 곳에는 눈이 오고 추워진다는데, 이곳에도 올해 처음 몰아닥친 찬바람이 숙직실 창문을 흔들어 잠자리를 불안하게 했다.

단풍잎 훑어 내리는 찬바람에 몸은 절로 움츠러들고, 먹구름에 갇힌 반달이 제빛을 발하지 못하는 칠흑의 캄캄한 밤이다. 초겨울로 가는 밤이 길어져 지루함을 달랠 겸 숙직실을 나왔다. 마당을 걷는데 어디서 황급한 군화 발소리가 등 뒤에서 철걱철걱하고 다가오는가 싶더니 이내 누군가에게 급히 쫓기는 듯한 소리로 변하기도 하고, 사나운 동물이 달려오는 소리처럼 들리기도 하여 온몸이 오싹 얼어붙었다.

아침에 보니 간밤의 그 소리는, 사람도 동물도 아닌 느티나무 낙엽이 바람에 이리저리 쓸려 다니면서 낸 소리였다. 밤새 쓸린 낙엽들이 어떤 것은 울타리 밑으로, 또 어떤 것은 땅이 움푹 파인 도랑으로 소복소복 모여 있었다. 아마도 겨울을 나기 위한 그들만의 보금자리를 찾기 위해 밤새 그토록 분주히 움직였는가 보다.

느티나무 잎들은 대부분 땅에 떨어지고 드문드문 달린 몇 장이 바람에 바르르 떨기도 하고 뱅글뱅글 돌기도 하면서 바람과 씨름을 한다. 파란 잎이 빽빽한 산울타리와 대조적으로 휑한 느티나무 가지 사이로 겨울 하늘이 숭숭 들여다보인다.

여름 한 철 무성한 잎들이 층층으로 이어 올려 시원한 쉼터를 마련해 준 것이 겸양이었다면, 겨울엔 잎사귀를 떨어뜨려 따뜻한 햇볕이 들 자리를 양보하는 것이 느티나무의 미덕일까? 사람의 시선으로 앙상한 겨울나무를 바라보니, 한 그루 느티나무도 선(善)을 베풀면서 살아가는 우리의 소중한 이웃이라는 생각이 든다.

계절이 겨울을 향하며, 주변은 온통 갈색 풍경인데 붉은색 보석을 입술로 물고 있는 듯 사철나무 열매가 햇빛에 반짝인다. 그녀의 달콤한 입술처럼 윤기로 반들반들한 붉은색이 어찌나 선명한지 지나가던 새들이 가만 내버려 두지 않을 것 같다.

그러고 보니 느티나무에서는 왜 꽃이며 열매를 보지 못했을까? 봄이 되어 새순이 돋아난 초목들이 처음 하는 일은 하나같이 꽃을 피우는 일이고, 제각각 화려함도 모자라 꿀과 향기를 품어 나비와 벌을 유혹하는 일이 그들의 자연스러움이지 않은가. 느티나무도 응당 피어야 할 꽃과 열매에 대해서 미처 생각해 본 적이 없어 새삼 궁금증이 더해왔다.

사람들 주변에 머물며 쉼터를 제공하는 대가로 자신들의 대(代)를 잇는 것을 사람에게 의탁한 것일까? 아니면 길드는 것을 거부하는 반항일까? 이쯤 해서 느티나무의 생존법이 궁금해 자료를 찾아보니, 느티나무도 4~5월이면 황록색 꽃을 피우고 열매를 맺어 10월이 되면 어엿한 회흑색 결실을 본단다. 녹음(綠陰)이 있는 봄, 여름에는 녹색으로, 단풍이 드는 가을에는 회색의 보호색을 띠고 있어 미처 보지 못했다.

같은 낙엽교목이면서도 벚꽃, 매화 같은 나무는 그들의 교태를 주체하지 못하고 화려한 꽃을 피우는데, 느티나무는 왜 자신의 성스러운 의식을 감추어 버렸을까? 그런 나무들과 비교해 보니 느티나무는 화려한 꽃과 열매의 고집보다 풍성한 가지와 나뭇잎으로 대신하는 품세가 마치 소박한 산골 처녀 같기도 하고, 마음 넓은 사나이를 보는 것과 같다.

하루 14시간을 학교와 학원을 전전하며 돌아온 아이가 뜬금없이 나무가 되고 싶다고 했다. 이만큼 훌쩍 커버린 아이가 세상을 살아가는 방식이 치열한 경쟁임을 혹시 눈치라도 채 버린 것일까? 한 해 사이로 몸도 마음도 부쩍 커버린 막내 아이의 마음을 짐작으로 들여다보니 아이의 작은 어깨에 애처로움이 주렁주렁 매달렸다.

나무를 닮고 싶은 것이 아니라 나무가 되고 싶어 하는 아이. 누구에게 잘 보일 일도 없고, 그렇다고 간섭받을 일도 없이 조용조용 자라기만 하는 나무가 부러웠나 보다. 마음의 상처를 잘 입는 아이에게 느티나무가 베풀며 사는 꿈을 들려주고 싶다.

치질에 대한 탐구

자고로 몸에 질병이 있으면 자랑하라고 했는데, 그래도 감추고 싶은 병은 있으니 지금 가지고 있는 이 병이 바로 그런 것 중에 하나다.

2~3년 전인가? 누군가 불닭발을 먹어보자고 했다. 매운맛이라면 어느 정도 자신이 있었고 맛에 대한 호기심이 동하여 저녁 겸 안주로 매운 닭발을 시켰다. 새빨간 고춧가루를 주재료로 만든 양념을 닭발에 입혀 볶은 불닭발 한 접시가 식욕을 돋우었다. 매운 것에 대한 자신감과 무모한 과용까지 더해져 남보란 듯이 한 접시를 해치웠다.

문제는 다음날부터였다. 특별한 이유도 없이 항문이 가렵고, 증상은 시간이 갈수록 심해졌다. 왜 그럴까? 혼자 고민하다가 이것이 고춧가루에 대한 알레르기 현상인가 하고 지레짐작하고 참았다. 그 후에도 잊을 만하면 한 번씩 가려움증에 시달렸지만 환부(患部)가 중요한 곳이라 병원을 찾는 것이 왠지 창피스러워 그냥 견디기로 했다.

그러던 어느 날, 화장실에서 볼일을 보고 일어서는데 변기에서 붉은 핏기가 돌았다. 그리고 화장지로 확인된 것은 선명한 핏자국이었다. 이것이 무엇인가? 덜컥 암에 대한 두려움부터 떠올랐다. 변에 섞여 나오는 검은색 혈변은 대장 상부에, 선혈이 있으면 직장 부근의 종양에서 출혈이 생겨 이와 같은 증상이 나타난다는 이야기를 들은 적이 있었기 때문이다. 놀란 마음에 컴퓨터로 찾아보니 치핵(치질)에도 선혈이 나올 수 있음을 알게 되었다.

항문 외과에도 사람들이 어찌나 많은지 대기 환자로 인해 한참을 기다렸다. 간호사에게 호출을 받아 들어가니 의사 선생님께서 다짜고짜 바지를 내리고 웅크린 채 옆으로 누우라고 했다. 올 것이 왔구나! 그래서 이 질병이 '부끄러울 치(恥)'자를 쓰는 치질(恥疾)인가보다 생각했다.

명나라 '의학강목'에 따르면 '치(痔)'자는 사람 몸에 있는 9개의 구멍으로, 작은 군살이 튀어나오는 것을 모두 치로 정의하고 여기에 생긴 질환을 치질(痔疾)이라 부르고 있음은 달리 알게 된 사실이었다.

범상치 않은 선생님의 손길이 중요한 그곳 안을 휘돌고 폭풍 같은 순간이 지나갔다. 그리곤 혈종(血腫) 한 개가 있는 '치질'이라고 진단하셨다. "좌욕을 열심히 하시고요, 먹는 약과 바르는 약을 처방해줄 테니 3일 후에 다시 오세요."라고 진료가 끝났다.

간호사 보기에 민망스러워 얼른 계산하고 약국에 가니, 이번엔 약사 선생님도 여성분이셨다. 괜히 창피하여 황급히 약국을 도망치듯 빠져나왔다. 그런 부끄러움으로 병원과 약국을 서너 번을 더 다니고 나서야 증상이 좋아졌다.

며칠 전부터 가려움증이 다시 돌기 시작하여 조심스러웠는데, 급기야 출혈 증상이 생겨 다시 병원에 가니 이번에는 혈종이 세 개나 된다고 하였다. 다시 재발할까 염려스러워 치료를 얼마나 더 해야 완치되는지 궁금하여 의사 선생님께 물어보니, '치질'은 완치라는 것이 없다고 하였다.

모든 사람들의 항문 부근에는 정맥 혈관이 모여 있는 치핵(痔核)이 있는데, 치핵은 배변을 부드럽게 해주고 변이 새는 것을 막아주는 정상적인 기능을 한다는 것이었다. 그런데 잘못된 식습관이나 행동 습관이 있으면 치핵의 탄력성이 떨어져 피가 고이고 부풀게 되는데 이때를 증상에 따라 '치열', '치루' 등의 종류로 나누며 이 모든 것을 합해서 '치질'이라 한다고 설명해 주셨다.

그리고 이번에는 먹는 약, 바르는 약에다 좌약까지 처방받았다. 한 번도 써 본 적이 없는 좌약이란 물건 앞에서 어떻게 쓰는 물건일지 상상하니 참 난감해졌다. 항문에 바르는 약도 놀라운 일이었거늘 끼우는 좌약을 쓰라니, 치질 치료가 한 차원씩 높아질 때마다 당혹감이 더해갔다.

치질에 대해 더 공부를 더 해보기로 했다. 치질은 직립보행을 하고, 앉아서 배변하는 사람에게만 있는 질환이라고 한다. 변비로 인한 긴 배변 시간이 가장 큰 원인이며 지나치게 맵거나 짜게 먹는 식습관도 중요한 원인이라고 한다. 변비를 예방하기 위해 식이섬유를 많이 먹고 특히 매운 음식을 삼가면 도움이 된단다. 그리고 좌욕은 항문 주변의 혈액순환을 개선하기 때문에 좌욕만으로도 치료될 수 있을 만큼 좋다고 한다.

치질을 겪으며 '치(痔)'라는 글자가 부끄럽다는 의미로 오해하게 된 계기로, '치'라는 글자는 사람이 살아가는데 필요한 도리와 꽤 관련된 것 같다. 누군가 내게 한 말을 하찮게 여겨 무심코 내뱉는 감탄사 '치'는 오만함과 거드름이 될 수 있는 '치'이다. 한 '치'는 한 자(尺)의 1/10인데 대략 3.03센티라고 한다. 세 치밖에 되지 않는 인간의 혀는 마음먹기에 따라 누군가를 살릴 수도 있고 죽일 수도 있으니 혀를 놀릴 때는 정의롭게 써야 할 일이다. 더불어 살아가는 세상에 치(齒)를 떨어야 할 만큼 분노를 자아낼 행동을 해서도 안 될 일이다. 또한 삶에 있어 누군가에게 부끄러운 일(恥)을 하지 않아야 하겠거니와 부끄러운 마음이 결여된 뻔뻔함(廉恥)이 없어야 할 일이다.

우리 몸속에 있는 '치핵'이 원래는 정상적인 생리 활동을 도와주는 기관인데, 나쁜 행동 습관이 있을 때 '치질'이라는 병으로 돌아온다. 같은 이치로 다른 '치'도 나쁘게 쓰면 치질과 같이 병이 될 수 있으니 '치'는 올바르게 사용하고 볼 일이다.

(−) × (−) = (+)

'이산파멸, 고독빈곤, 이산파멸, 허망낙담.'

나의 초년, 중년, 장년, 노년 운명을 성명으로 풀이한 결과였다. 한마디로 말하면 흉으로 시작해서 흉으로 끝난단다. 성명이 이렇게 흉함을 며칠 전 밤에 알았다. 그날은 좀처럼 잠이 오지 않아 한밤이 되도록 뒤척였다. 오지 않는 잠이 야속하여 아예 잠들길 포기하고 텔레비전을 켰다.

한 사람의 운명과 성품은 이름과 관련되어 있다는 내용을 방송하고 있었다. 이른바 '수리성명학'을 바탕으로 하는 운세 풀이였다. 그들은 실제로 유치원 아이들을 상대로 비교 검증하며 그들 나름대로 논리를 설파하였다. 풀이 방법이 그리 어렵지 않아 보여 잠자리에서 일어나 풀이해보았다. 결과는 무참했다. 일말의 기대에도 못 미치는 흉하고 흉한 수였다.

그동안 사주, 관상, 풍수 따위는 미신으로 여기고 마음에 두지 않았다. 물론 내 이름도 좋은지 나쁜지 따져 볼 생각을 하지 않았다. 오히려 과하다 싶을 정도로 요모조모 따지는 사람들이 이상해 보였다. 심지어 그런 사람들은 이런저런 일들만 따지다가 필경 더 낭패 볼 사람들이라고 여겼다. 하지만 막상 풀이 결과를 보니 마음이 혹하고, 막내 아들 이름까지 소환되었다.

막내가 말을 늦게 배운다며 걱정하던 아내가 어느 날, 쪽지를 불쑥 내밀었다. 아이가 늦도록 말을 잘하지 않는 이유가 다름 아닌 이름 때문이라며 새로 작명했다고 했다. 집안 어른이 지어 주신 이름을 함부로 바꾼다고 화부터 냈다. 아내는 자식을 위해서라면 무슨 일인들 마다하겠냐며 오히려 강수(强手)를 들고나왔다. 이왕이면 다홍치마라고, 결국 아이를 위한 어머니 마음으로 이름 중 한 글자의 한자(漢字)를 바꾸었다.

그때부터 '과연 이름 하나로 운명이 바뀌겠는가?'라는 생각이 들기 시작했다. 방송도 한몫 영향을 미쳤다. 채널이 다양해지면서 심령학과 운세 문제를 전문으로 다루는 내용이 많아졌기 때문이다. 너무 쉽게 접해서일까? 나도 모르게 빠져들었다. 한밤중에 벌떡 일어나 이름을 풀이해 본 것도 기실 그런 탓이었으리라.

성명 풀이 결과가 나쁘게 나온 것을 두고, 이참에 이름을 한번 바꾸어 볼까? 하는 고민이 생겼다. 며칠을 두고 이런 생각이 붙어 다녔으나 선뜻 행동으로 옮기기에 민망스러운 일이라 쉽게 결정하지 못했다. 그 대신 다른 방법으로 운수를 바꿀 방도는 없을까? 라는 생각에 미련만 더 붙어갔다.

며칠간 고심 끝에 이름으로 부귀영화를 찾으려는 내 모습을 발견했다. 참 한심한 모습이었다. 지금은 세상사 어떤 미혹에도 흔들리지 않는다는 '불혹'의 나이가 아니던가. 참 우습게 되어버렸다. 지금껏 살아온 주관은 다 어디 두고 한순간 성명 운수에 흔들려 미래를 걱정한단 말인가. 이런저런 며칠간의 생각들이 거듭거듭 중첩되어 그동안의 모습이 부끄럽기가 가없었다. 흉하다는 운수는 앞으로 그럴 수도 있다는 거로 생각하면 되지 않겠는가. 앞날을 바른 생활로 정진하다 보면 나쁜 운은 절로 피해갈 거라는 교훈으로 받아들이기로 했다.

태어나 부모님께 받은 이름은 '규수'였다. 그 이름은 몇 년 쓰지 못하고 지금의 이름으로 바꾸어 주셨다. '규수'는 지금 이름보다 못할 거라는 부모님의 염려와 배려였지 싶다. 그렇다고 예전 이름인 '규수'를 버리지 않았다. 다만 어떻게 사용할지 묘안이 없어 간직만 해왔다. 지금은 글쓰기 공부를 하고 있으니 필명(筆名)으로 사용한다.

그러고 보니 난 성명학으로 보아 운수 나쁜 이름을 두 개씩이나 가지고 있다. 이제부터는 이름으로 운수를 탓하지 않을 작정이다. 지나간 이름도, 지금 이름도 함께 포용할 생각이다. (-) × (-) = (+)라는 수학 공식처럼, 둘 다 나쁜 이름이라 할지라도 잘 사용하면 좋아지지 말라는 법은 없지 않은가.

겨울 안개

아침 첫 뉴스에서 오늘도 안개가 많이 끼었고, 시정거리가 50미터 밖에 되지 않는다며 안전 운전을 당부하였다. 베란다 창밖을 보니 안개가 정말 심하여 건너편 아파트의 형체도 잘 보이지 않았다. 계절은 정녕 거꾸로 가는 것일까? 소한(小寒)이던 지난 휴일, 산성 가는 길은 기온도 포근하였거니와 등산로 옆으로 연두색이 완연한 진달래 꽃눈을 보며 이른 봄인 줄 착각하였다. 겨울이 겨울답지 않은 지 벌써 여러 해 되었으나 올해는 유난히 더 포근한 겨울인 것 같다.

이런 와중에 겨울에는 좀처럼 생기지 않던 안개가 거의 매일 발생한다. 안개가 낀 날 출근길을 걷노라면 짙은 안개는 눈송이처럼 내리고, 길섶에 앙상하게 마른 가지며 풀잎들은 때맞추어 안개꽃을 피워 뽐낸다. 아마도 안개 낀 아침에 이런 풍경이 없다면, 난 아침마다 늦가을로 착각할지도 모른다. 가을 안개는 이른 새벽에 많이 발생하지만 해가 뜨면 금방 사라지는 데 반해, 지금의 안개는 해가 중천에 뜨도록 잘 없어지지 않는다.

산에서는 봄인 줄 착각하고, 출근길에는 가을인 듯 착각하게 하여 요즘 겨울은 변화무상한 야누스의 얼굴을 보는 듯하다. 지난 연말에 아버님 기일을 맞아 시골 가는 길에, 낙동이라는 마을에 있는 약방 처마 밑에 제비집을 보았다. 빈집인 줄 알았던 그곳에 제비가 살고 있는 것을 발견하였다. 이 제비는 가을에서 겨울로 넘어가는 날씨 변화를 알아차리지 못해 강남으로 갈 시기를 잊어버린 것일까? 아무리 포근한 겨울이라고 하나 이 추위를 어떻게 견디는지, 먹이는 어떻게 찾는지 아이들과 함께 자못 궁금해하며 지나쳤다.

또, 양지바른 어느 곳에 개나리며 철쭉이 꽃을 피우는 모습을 심심찮게 볼 수 있음도 이런 계절의 착각이 아닐까. 이러다 혹시 겨울잠을 자고 있는 땅속 생명들까지 봄으로 착각할까 걱정된다. 지금은 달력으로 엄연한 엄동설한인데, 혹시 봄인가 하여 잠에서 깨어났다간 갑작스러운 혹한을 만나 낭패를 볼 것이 뻔하기 때문이다.

아침 출근 열차는 오랫동안 긴 안개 터널을 달려왔다. 또 그 시간만큼 걸었다. 이 정도로 지독한 안개라면 오리무중도 차라리 단순하다고 해야겠다. 몇 시간 동안 차를 타고, 걸었던 아침 출근길에 잠시 혼란스럽다. 헛갈리는 계절 감각이 그랬고, 늘 걷던 길도 초입을 놓쳐 빙 돌아온 길이 그렇다.

계절에 맞지 않는 겨울 아침, 불청객인 안개를 자주 만나는 원인은 결국 우리 사람들이 남긴 흔적 때문이다. 현대를 살면서 꼭 쓸 수밖에 없는 석탄 연료도 적잖게 부담스러운데, 최근에 바다를 뒤덮은 타르 덩어리와 먼바다에 떠도는 플라스틱 섬, 어느 지방에 방치된 쓰레기

산은 두고두고 살아 있는 생명들을 혼란스럽게 만들 것만 같다.

기온이 바뀌면 생명체도 바뀐다. 적응하지 못한 생물은 사라질 것이며, 비정상적인 적응을 한 생명체는 예상치 못한 방향으로 변이할 염려가 있다. 억눌려 있던 미지의 생명체는 신종 생물로 나타나 우리를 위협할지도 모른다. 기온과 햇빛에 자극받는 호르몬도 교란되어 생식 본능이 혼란되고 생명의 영속성이 중단될지 모르는 새로운 생태계 모습은 두려움이다.

또 이런저런 변화에 살아남기 위해 사람들의 가치관은 자연 앞에 얼마나 더 이기적이고 오만한 모습으로 변할까? 하는 생각에 이르니 사방을 에워싼 겨울 안개처럼 답답하고 혼란스럽다. 그런데도 내일 아침에는 안개가 더 심하게 낄 것이라는 예보가 흘러나온다.

공감마당 사람들

하루에도 몇 번씩 만나는 사람들이 있다. 원래 해야 할 일 보다 그 사람들을 만나는 것이 즐겁다. 아침에 출근하면 밤새 안녕하시냐고 안부를 나누고, 저녁이면 좋은 밤 되라고 작별 인사도 한다. 인터넷 공간, 금연하는 사람들 모임인 '공감마당' 이야기다.

얼굴은 서로 볼 수 없지만 하루 유동 인구가 족히 천 명에 이르는 넓은 곳이다. 어떤 사람은 하루에 열두어 번씩 만나기도 하고, 어떤 사람은 딱 한 번씩 만나는 사람도 있다. 또 어떤 사람은 하루 이틀 머물다 슬그머니 사라지는 사람도 있는가 하면, 수년이 되어도 떠나지 않고 눌어붙은 사람도 있다.

큰 시장이 열리는 것도 아니고, 공연을 하는 곳도 아니고, 열띤 사업 설명을 하는 곳도 아니다. 나누는 이야기라고 해 봐야 금연과 관련된 '축하합니다.', '또 실패하셨군요. 힘내세요.' 등등 시시콜콜한 내용이 대부분이다. 담배와 관계없는 사람이 보면 하찮은 담배 가지고 뭘 그리 축하할 일이 많은지, 또 위로할 일은 뭐가 그렇게 많다는 것인지 코웃음 칠지도 모를 일이다.

하지만 이곳에서는 죽기 살기로 대드는 사람도 있고, 고통을 즐기며 버티는 사람도 있다. 그러다 목표와 성과를 이루지 못하면 크게 실망하여 자신을 수없이 학대하기도 한다. 여차하면 심장에 꽂을 비수까지 준비하고 있는 사람도 있다 하니, 단 며칠 동안이나마 담배를 멀리한 감격이 얼마나 큰 것인지 아는 사람만 안다. 그러니 속사정도 모르고 함부로 코웃음을 치며 가벼이 본다면 곤란한 곳이다.

세상을 함께 살아가는 사람들 중에 거의 반 정도는 흡연을 즐기는 사람들이지 않을까. 삶이 척박했거나, 생을 가소롭게 여겼거나, 멋을 부리기 위해서 또는 호기심 때문에…. 제각각 사연을 가지고 인연을 맺은 사람들이다. 담배와 연을 맺어 유희를 즐기는 사람도 있지만, 병폐에 빠져 고통 속에 사투를 벌이기도 한다.

하지만 공감마당 사람들은 전자와 후자의 중간 사연을 가진 사람들이다. 정신적 삶을 살찌워 주는 줄 알았던 담배에 치명적인 모순이 있었음을 가까스로 깨달은 사람들이다. 그리하여 잘못된 인연이었음을 자인하고, 담배의 굴레에서 벗어나고자 처절한 일기를 쓰는 사람들이다.

공감마당 사람들은 자신의 능력의 한계를 극복하는 사람들이다. 처음에는 단순히 금연을 목표로 시작했지만, 금연 과정을 통해 새로운 인생을 배우고 삶의 참된 의미를 캐내는 광부(鑛夫)와 같은 사람들이다. 또, 육체적 정신적 중독에서 벗어나기 위해 스스로 뼈를 깎아 마침내 허물을 벗고 새로운 꽃을 피워내는 수도자(修道者)요, 원예(園藝)

기능사이기도 하다.

공감마당에 모인 사람들은 겉으로 보기에 매우 불행한 것 같지만, 사실은 불행 중에 행운을 잡은 사람들이다. 세상에는 아직도 자신과 가족의 행복을 갉아 먹는 담배의 불편한 진실을 모른 채 여전히 연기를 탐닉하는 사람들이 더 많기 때문이다.

애초에 담배를 피우지 않은 사람이나 금연을 해보지 못한 사람들은 결코 알 수 없는 세계. 금연을 통해 자신을 극복하는 수행 방법과, 자신과 가족을 사랑하는 보석 같은 지혜가 창고마다 꽉꽉 들어차 있다.

담배와 인연을 맺지 않았으면 좋았겠지만, 기왕에 인연이 되었으니 이런 장소도 생겼다. 장소도 좋지만 만나는 사람들은 더욱 좋다. 비록 함께 마실 커피 한 잔 없지만, 공감마당 사람들에게서는 커피 향보다 진한 사람 향기가 난다. 가족과 이웃을 사랑하는 깨달음을 얻은 결과이다. 단순한 깨우침이 아니라 또 다른 사람에게도 같은 기쁨을 누리도록 알리고 봉사하는 나눔이 있어 더욱 향기롭다.

그곳에는 다른 사람들에게서 알 수 없는 인생의 철학과 동질감이 절로 묻어난다. 그리고 서로를 진심으로 이해하고 격려해 주는 사람을 만날 수 있어 행복하다. 공감마당에 가면 잃어버린 자신감은 회복되고 행복감은 세상을 향해 부챗살처럼 번져나간다. 화향천리 인향만리(花香千里 人香萬里)의 진원지가 공감마을이었다.

그런 사람들과 인연이 오래되었으면 한다. 소중한 경험과 가치를 겨우 몇백 일, 몇 년 동안 나누다 작별하기에는 너무 서운하지 않는

가. 금연인만 아는 인생의 깨달음과 가치를 공감마당 사람들과 영원히 지키고 싶다. 혹자는 금연에 성공했다고 떠나지만, 진정으로 성공한 사람이란 금연 과정에서 배운 소중한 가치를 이웃에게 베푸는, 봉사하는 사람이 아닐까 싶다.

금연을 통해 봉사할 수 있는 공감마당에 오늘도 출근한다. 이곳을 통해 인연을 맺은 향기 나는 사람들, 나도 그들이 보고 싶고, 그들도 나를 기다린다. 그래서 공감마당에 가는 마음은 늘 행복하다.

사물놀이의 흥

농악대를 접해 본 적이 언제인가? 산골 초등학교 때 어린이날이면 동네 대항 운동회가 열렸다. 운동회가 열리기 며칠 전부터 동네마다 아이들은 달빛 아래에 모여 응원 연습을 했다. 그때의 응원용 도구는 다름 아닌 북, 꽹과리, 징, 소고가 전부였던 농악 기구였다.

운동회 날 아침이면 산골 골짜기마다 높은 대나무에 만장기를 걸어 앞세우고 그 뒤를 따라 신작로를 행진했다. 꽹과리와 북 그리고 징의 장단에 맞추어 종이 고깔모자를 쓰고 학교까지 행진하며 그날의 잔치를 시작했다.

아이들이 달리기할 때도, 줄다리기할 때도, 박 깨트리기 할 때도 종일 타악기를 치면서 우리 마을 이기라고 목이 터져라 응원했었다. 그랬는데 도회지에서 학창 시절을 보내며 기타, 고적대, 색소폰 같은 서양 악기에 밀려 농악을 오랜 시간 멀리하였다.

사물놀이 최고의 고수를 아주 가까이에서 볼 수 있는 기회가 왔다. 수의사회 창립 60돌 기념식 식전 행사로 사물놀이 공연이 코앞에서 펼쳐졌다. 상쇠를 따라 “궁닥닥 징”거리며 그들이 들어올 때만 해도

'그렇지 뭐.' 하고 심드렁했다. 8명의 패거리가 정좌를 하자 상쇠가 엄숙하게 회(會)의 발전을 염원하는 선창을 했고 단원들이 동조하자 몸이 저절로 세워졌다. 조명이 어두워지며 공연이 시작되었다. 들릴 듯 말 듯 조용조용 어줍은 시작인가 했는데, 곧이어 장단이 빨라지며 터질 듯한 고음으로 발전하여 이내 눈과 귀를 달구었고, 심장을 펄떡 펄떡 뛰게 만들어 놓았다. 놀이패들은 사람들의 마음만 사로잡은 것이 아니라 드넓은 공연장 전체를 순식간에 장악해버렸다.

우리 민족의 마음에 꼭꼭 숨어있는 한(恨)을 하나하나 불러내는 것일까? 쉴 새 없이 좌우를 흔들며 소리를 뿌려대는 장구 소리, 사선으로 내려치는 꽹과리채를 따라 하늘에서 땅으로 내려꽂히는 날카로운 소리, 북소리 장단에 따라 일시에 몰려왔다 사라지는 변화무쌍함, 징채가 빙글빙글 돌 때마다 나오는 저음의 소리들이 어우러져 마감하고 시작하길 반복한다. 무거움과 가벼움, 빠르고 느림, 높음과 낮음의 소리 속에 우리네 인생의 반복되는 흥망성쇠와 희로애락이 보이는 듯하다.

가만히 있던 손발과 몸이 나도 모르게 장단에 맞추어 놀아났다. 가속되는 원심력으로 머리가 떨어져 나갈 듯, 상모돌리기로 무아지경에 빠진 놀이패 속으로 빠져들었다. 그들의 정열이 공연장을 펄펄 날아다니기도 하고, 밀물처럼 밀려왔다가 청중들을 휘감고 돌아 썰물로 빠져나갔다. 듣는 사람에게 무슨 이론이 필요하겠는가? 휘모리장단, 자진모리장단. 굿거리장단은 짐작만으로도 절로 신명 난다. 자연스러운 엇박자의 틈으로 잠재된 신바람의 끼가 흘러나왔다.

말발굽 소리를 따라 천둥 벽력같은 굉음에 고막이 파괴될 듯하다. 쾌지나 칭칭 나는 가락이 흘러나오는가 싶더니 모내기 소리, 개구리 소리, 타작 소리, 다듬이소리가 어우러지고 흩어진다. 밤이 되어 산새들이 둥지에 깃드는가 싶다가도, 한 무리의 철새들이 일시에 창공으로 날아오르는 군무(群舞)가 반복한다.

정녕 두들기는 것들만이 만들어 내는 소리였던가. 이때쯤 되면 참고 있던 내면의 울음이 복받쳐 목까지 치밀어 오름은 무슨 까닭인가? 홍수에 발이 떠내려가고, 누렇게 익어가는 들판을 바라본다. 삶의 희로애락이 가락의 높낮이와 장단에 따라 때론 무질서하지만 알고 보면 가지런하게 펼쳐지는 인생의 한 모습과 같다.

진달래, 벚꽃이 만발하는 춘삼월을 맞아 뒷동산 화전놀이에 가신 어머니의 어깨춤과 경로잔치에서 흘러간 가요 한 곡을 뽑으시던 아버님의 주름살이 파노라마 영상으로 돌아간다. 그러다 일시에 화산이 폭발하듯 두드리고 던지고 깨지면서 절정기에 달하니 온몸에 까닭 없는 소름이 돋아나면서 뜨악해졌다. 그렇지만 이어진 엷은 가락은 나를 서서히 진정시키며 마음의 평온을 가져다준다.

꽹과리, 징, 장구, 북이 주는 공명감과 현장감은 큰 의미와 상징을 내포한 '울림'이라고 한다. 꽹과리는 천둥이요, 징은 바람이고, 장구는 비, 북은 구름에 비유된다. 자연에서는 천지를 울리는 것들이, 사람의 마음속에서는 보이지 않는 감정을 폭발시키는 두드림인가 보다.

천지를 요동시키고 마음의 우주를 울리던 소리가 마침내 마침표를 찍었다. 동시에 그 두드림의 소리가 공연장을 빠져나가고 주변은 적막감에 빠져들었다. 내 마음은 여전히 북과 꽹과리, 징과 장구의 울림이 잔잔한 파도처럼 출렁거리고 있었다. 사물놀이의 홍을 난생처음 알았다.

2

산 따라 물 따라

대청호 둘레길을 걸으며

대청호 둘레길을 꿈처럼 바람처럼 걸었다. 호수가 있어서 태어난 길, 수몰된 지 33년 만에 선보이는 500리 길을 걷는 데 1년이 걸렸다. 대청호 둘레길은 오랫동안 마음에 담아 꿈꾸어 오던 길이었다. 물 따라 산 따라 걷는 동안, 호수는 내가 기대한 만큼 계절마다 구간마다 수려한 모습을 선보였다. 아직은 사람들 발길이 드물어 물음 물음 하여 길을 찾고, 속살을 더듬으며 얻은 길이었기에 둘레길에 대한 애착과 감동으로 여운이 생생하다.

대청호의 얼굴은 시간과 장소에 따라 변하지만 원래 모습인 고요를 담아내는 호반의 안정감은 한결같다. 해발 80미터 아래 4,000여 세대의 삶을 모조리 수장(水葬)하고도 격랑의 세월을 모르는 척, 태연한 척, 그 자리를 무던하게 지킨다. 다만, 허리 굽은 실향민의 시름과 간간이 세워둔 망향비만 지나간 영욕의 세월과 현재를 연결해 주고 있다.

누런 황사 바람에 봄꽃이 바르르 떨던 날, 버석거리는 낙엽을 밟으며 둘레길을 걷기 시작했다. 4만 년 전에 어린 나이로 숨진 '흥수아이' 동굴을 지날 때는 찔레꽃 향기가 코를 찔렀다. 묘암리 고개 너머 벌랏

마을에 도착했을 때는 논에 물이 들고 뻐꾸기가 울었다. 한여름 더위를 식히던 은운리 계곡과 막지리를 지나가는 산에 단풍이 서서히 내려오고, 시인이 전해주는 감수성을 빌어 향수길을 걸었다.

계절이 바뀌고 은행잎이 떨어질 때 청풍정에 도착했다. 물 위에 떠 있는 듯 고즈넉한 청풍정 물결 위에 삼일천하 갑신정변의 덧없는 권력을 보았고, 갈잎의 속삭임은 이루지 못한 사랑 이야기를 전해 주었다. 한국에서 가장 아름다운 하천 풍경에 빛나는 부소담악을 지나면서 둘레길은 종반으로 치달았다.

눈발이 날리던 날에 걷던 고리산(環山) 구간은 피비린내 나는 나제(羅濟) 병사들의 전쟁터였다. 시체가 쌓여 백골(白骨)이 널렸다는 백골산성, 병사들이 흘린 피가 내를 이루었다는 핏골까지 전쟁과 핍박으로 점철된 한민족의 한과 애환을 들여다볼 수 있는 구간이다.

농촌에서의 삶이 아직 팍팍하다고는 하나 대청호에 기대어 사는 사람들에게는 향기가 있다. 풍족한 물을 중심으로 때가 되면 꽃 피고 열매 맺는 섭리대로 넉넉하게 살아가는 사람들이다. 풍경 따라가는 길에 사람들 흔적은 뜸하기만 하다. 물어볼 이 없어 길을 잃고 헤매기 일쑤였다. 그래서 더 많은 사람들의 발길을 필요로 하지만, 두메산골에서의 때 묻지 않은 여정만큼은 행복했다.

이제 대청호 둘레길 열여섯 구간 중에 마지막 한 구간만 남겨 두었다. 지나온 길을 되돌아보니 먼 여행을 마치고 귀향하는 마음이다. 이대로 마침표를 찍기에는 한편에 허전함이 밀려온다. 이런 마음을 치유하고자 둘레길에서 비켜난 새로운 여정을 미리 짜 본다. 먼 길도 아니고 화려하지도 않지만 우리 일상과 함께하는 이웃이 있기에 그 곁을 멀리 벗어나지 못할 것 같다.

압곡사에서

때 묻지 않은 맑은 산사에 다녀왔다. 신성한 종교의 전당을 두고 속인(俗人)이 함부로 말하기는 그렇지만, 결례를 무릅쓰고라도 그렇게 보았다. 속세를 벗어난 곳에서 태초에 태어난 그 모습 그대로, 초심을 간직한 압곡사였다. 푸른 하늘에 흰 구름 떠가는 청량한 초가을에 바람이 불던 날, 서산으로 기우는 달이 쉬어 가는 복두산 너머 선암산에서 보았다.

압곡사로 가는 길은 험하고 비좁다. 아직도 비포장인 도마재를 넘는 것도 그렇지만, 본격적으로 압곡사에 올라가는 산길은 더욱 녹록하지 않았다. 출발하기도 전에 꼬불꼬불한 길에 낭떠러지를 조심하라고 신신당부를 받았다. 혹시라도 중턱에서 차를 마주치면 피할 곳도 없다는 으름장에 차를 타고 오르는 내내 마음을 졸였다.

마침내 압곡사 한 귀퉁이가 보이는 산마루까지 오르고 나니 그제야 울창한 소나무 숲이 반기고 마음이 놓였다. 그걸로 끝이 아니었다. 산마루에 다시 내려가야 하는데, 오르막과 내리막의 경계선에서 차머리가 번쩍 들리는 바람에 앞이 보이지 않았다. 조심조심 긴장하고 수습하니 이번에는 밑으로 곤두박질쳐 마지막까지 정신을 놓을 수 없었다. 예전에는 이런 비탈길조차 없었을 텐데 어떻게 여기에 자리를 잡았는지 가장 먼저 의문이 생겼다. 그리고 가파른 곳에 어떻게 사찰을 지어 올렸는지도 감탄할 일이었다.

백일홍이 붉게 타는 압곡사 입구 계단을 오르니 자연 의문점이 해결되었다. 수십 길 되는 높이로 석축을 쌓아 올리고 그 위에 땅을 편평하게 고르고 다듬은 다음, 좁은 땅을 넓게 쓰기 위해 산 쪽으로 바짝 붙여 건축물을 지어 올렸다. 1,400년 역사를 간직했다더니 사찰 기둥과 서까래에서 세월의 연륜이 그대로 전해졌다. 처음 만들어진 기둥과 서까래 위에 지붕을 이고 있지만, 거대하고 웅장하지 않은 채 고요 속 세월의 깊이에 잠겨있었다.

여느 사찰 마당에 꼭 있던 탑도 보이지 않는다. 법당으로 통하는 작은 문을 당겨 열면 그제야 부처님께서 소박한 미소로 낯선 손님을 반겨 준다. 속세 사람들을 불러들이는 영험함도 보이지 않고 편의 시설도 없다. 사찰이 사람을 필요로 하는 것이 아니라 필요한 사람이 찾아오는 절이었다. 압곡사는 자연 앞에서 그 자체로 모든 것을 비우고, 있는 그대로 본성을 지키며 부처님을 모신 채 선암산 기슭에서 천년 동안 정좌한 모습이다. 천년 세월 동안 치성을 드리던 속인들은 바라던 소원을 모두 이루었을까? 지금은 산사를 찾는 인적이 드물고, 산바람만 풍경을 뎅그렁뎅그렁하고 울리고 지나간다.

사찰 앞마당에 심어진 감나무 그늘에 앉았다. 앞과 뒤로 첩첩산중이다. 봄 내내 고향에서 울던 뻐꾸기도, 여름 내내 울던 소쩍새도 아마 여기 어디에 둥지를 틀고 이 산 저 산을 넘나들지 않았을까. 압곡사에 벌써 가을이 시작되었나 보다. 꽃밭에 자리 잡은 국화는 벌써 보라색 꽃망울을 열고 있었다.

마당 앞으로 펼쳐지는 첩첩 산들이 받치는 하늘이 높고 푸르다. 풀벌레 우는 밤, 별빛 내려앉는 가을밤이었더라면 얼마나 좋았으랴. 올여름 마지막 밤을 한 번쯤 지새우고 싶지만 사정이 맞지 않으니 아쉽기만 하다.

때마침 천연 염색한 옷감을 축대 아래 바지랑대에 널고 올라오는 스님을 만났다. 스님에게 압곡사와 오리의 인연을 듣고 싶었다. 고운사를 창건한 의상대사가 마땅한 절터를 찾기 위해 나무 오리(기러기) 3마리를 만들어 날렸단다. 그중 한 마리가 지금의 선암산에 내려앉아 바위에 꽂혔다고 한다. 오리가 꽂힌 자리에 물이 나기 시작했는데, 그 자리에 세운 절이 바로 압곡사라고 한다. 지금도 절 뒤편에 사시사철 마르지 않는 샘물이 솟아나고, 그 자리에 자라는 소나무가 윤기 있는 모습으로 지붕을 덮고 있으니 산사에 잘 어울리기도 하고 신비로움을 더해준다.

어릴 때부터 전설처럼 들어왔던 압곡사에 사랑하는 형제 가족들과 함께 드디어 다녀간다. 비록 머무는 시간은 짧았지만, 머무는 동안 나도 불자가 되었다. 압곡사에서 돌아오는 길, 고갯마루까지 오르막 낙락장송 천년 소나무들이 장승처럼 서서 배웅한다. 나무마다 구불구불

하늘을 향해 용틀임한다. 고갯마루가 일주문이고, 천년 거송이 곧 사천왕인 듯 천년 고찰을 지키고 섰다.

고갯마루에 시원한 솔바람이 불어오고, 산 아래로 낙전리 마을이 내려다보인다. 열두세 살 때부터 도마재를 넘어 수십 리 길을 걸으며 학교에 다니던 친구들이 생각난다. 요즘 아이들이라면, 요즘 어른들이라면 언감히 상상도 할 수 없는 산길을 매일 오가던 친구들…. 지금은 모두 어디에서 살고 있을까? 그 친구를 추억하며 천천히 천천히 산에서 내려오는데, 절 입구 수유나무에 걸린 최병창 시인의 글이 절로 떠오른다.

선암산 넘다가
그대 닮은 가슴 보았네

무소유의
아름다운 참 무지개 하나

송아가루 쏟아 놓은
눈물인 듯 싫었네

너무 너무 맑아서

소쩍새 우는 바람 때문 일러라

5월의 수채화

가정의 달 5월은 '훈련의 달'이 되어 버렸다. 세 번의 훈련을 위해 몇 주를 준비하고 마쳤다. 거기에다 모 단체 기념식을 1년이 넘도록 준비하고서야 겨우 무사히 마쳤다. 크고 작은 행사를 한꺼번에 치르고 나니 연체동물의 흐물거림처럼 온몸에 기운이 빠지고 맥이 풀렸다.

그 와중에 적은 돈으로 투자했던 주식까지 일을 그르치고 말았다. 연유를 알아볼 틈도 없이 상장폐지 절차를 밟는 통에 몇백만 원하던 주식이 단돈 십만 원 가치로 추락했다. 큰돈을 벌 요량은 아니었지만 한순간에 망치고 보니 상심이 이만저만이 아니었다.

그간 이런저런 일로 몸과 마음이 많이 피로했다. 한꺼번에 지친 심신을 잠시 쉬라는 신호가 곳곳에 나타났다. 무료하게 집에서 쉬는 것보다 기왕이면 그간 미처 챙기지 못한 봄의 흔적을 찾아 떠나고 싶었다. 산으로 갈까? 아니면 파도가 일렁이는 푸른 바다를 보러 갈까를 고민하다 결국 가까운 산을 택했다. 그것도 다소간 몸을 혹사시키는 등산보다 잔잔한 바람이 속삭이는 숲길을 거닐며 산나물도 뜯어 보기로 했다.

별로 준비할 것도 없이 가벼운 마음으로 들판을 가로질러 갔다. 길 옆으로 전개되는 반듯한 논에는 어느새 물이 들어온다. 벌써 모내기를 준비하는 들판 사이를 한 시간쯤 달려갔을까. 시골 동네 옆 야산에 당도하니 조팝꽃이 먼저 반겨주었다.

밭두렁에는 달래며 씀바귀나물이 벌써 억세져 가는데 산기슭에 기대어 선 뽕나무는 이제 겨우 속잎을 펴고 있는 중이다. 산나물이라고 해봐야 고사리, 취나물 외에는 아는 것이 없어 섣부른 욕심도 생기지 않았다. 몇 가지 아는 푸성귀를 두어 번 먹을 정도로 한 봉지면 족하다는 생각에 소나무 샛길로 걷는 길이 바쁘지 않고 여유로웠다.

며칠 사이 기온이 올라 날씨는 여름이지만, 능선 길에서 만난 참나무의 연한 잎사귀와 가지 끝에 주렁주렁 매달린 꽃들은 아직 봄이었다. 건너편 산등성이에서 바람이 일고 간 자리에 송홧가루가 노랗게 날린다. 산은 그렇게 여름 궤적을 따라가며 봄의 연한 티를 벗어내고 있는 중이었다.

만춘의 홍에 겨운 숲에서 짐승들 길을 따라 산을 넘어가니 골짜기 끝에 작은 저수지가 있었다. 학골 저수지라고 한다. 작고 고즈넉한 골짜기에 학이 노닐었던 곳이었을까? 물가에 다가가니 저수지 바닥은 자갈 모래가 손에 잡힐 듯 투명하게 아롱거리고, 한 발 물러서서 보면 진한 녹색 거울 같다. 때맞춰 숲속 산새 소리와 함께 고요 속에 잔잔한 물결이 바람 따라 밀려왔다가 이내 거울처럼 매끈하게 정돈하였다.

수면에 거꾸로 드리운 골짜기 양쪽 산이 아른아른 흔들린다. 머리를 들어 보니 참나무로 가득 찬 봄의 산은 연둣빛 향연이었다. 무르익지 않은 색깔, 덜 여문 듯한 빛깔, 문득 연두색에 대한 추억이 떠올랐다.

크레용으로만 그림을 그리던 초등학교를 졸업하고 중학교에 입학하면서 처음 미술 실습을 하던 때는 늦은 봄이었다. 처음 만나게 된 붓과 팔레트, 물감으로 그리는 수채화였다. 앞산과 뒷산의 풍경을 그리던 선생님은 그림에 연두색 물이 줄줄 흘러내릴 듯이 그리셨다.

축축 늘어진 버드나무 가지 잎사귀도 연두색이고, 겹겹이 쌓인 그림 속 먼 산은 더욱 옅었다. 물을 머금어 힘없이 축 처진 채 완성된 그림은 조심조심 햇빛에 말려야 했다. 그렇게 도화지에 그려진 앞산 풍경이 수채화라는 것을 처음 알았고, 그때 수채화 풍경은 지금까지도 봄이 되면 추억으로 생각난다.

또, 몇 년의 시간이 흘렀을까? 남학생들만 북적이던 어느 날, 교실에서 처음 만났던 여자 교생 선생님 모습도 연둣빛이었다. 첫 대면부터 선생님은 어느 사춘기 소년의 심장을 콩닥거리게 했다. 그래서 나에게 연두색은 시골 소년의 풋풋한 첫사랑의 설렘이다.

지금 생각해 보면 연둣빛 감촉은 연하고 부드러움이다. 연한 빛 새순은 아기처럼 보송보송한 촉감이 있고, 사랑하는 여인처럼, 어머니 품처럼 포근하여 살며시 기대고 싶다. 여리다는 생각에 내가 지켜주고 싶다는 생각까지 하게 한다.

그런 유년기와 청소년기를 겪으니 묽게 그리는 수채화가 좋았다. 기왕이면 연두색을 바탕으로 하는 풍경화가 더욱 좋다. 수채화를 보노라면 새 봄기운을 한껏 빨아올리는 수목(樹木) 풍경처럼 간결하고 시원하며 살아 숨 쉬는 생명감을 느낀다. 유년에 꿈을 키우던 고향 앞산과 뒷산이 있고 설레던 두근거림도 있다. 아마도 그런 수채화에 담긴 연두색 추억 때문이 아닐까 싶다.

한적한 어느 늦은 봄날, 학골 저수지에서 바라보는 춘산(春山)은 한 폭의 수채화다. 수채화 한 폭에 예술적 감상에 빠졌다. 잡고 비틀면 연둣빛 물이 주르르 흘러내릴 것 같은 반투명함과 보들보들한 새순의 감촉이 그대로 전해진다. 춥지도 덥지도 않은 시원한 바람이 살갗을 건드리고 가는 감촉은 여전히 변하지 않은 연두색이다.

느긋한 마음으로 저수지 둑에 드러누웠다. 저 멀리 파란 하늘에 구름 한 무리가 멈추어 섰다. 내 마음처럼 마지막 봄 풍경에 취해 정신을 팔고 있을까? 구름이 한참 머물다간 자리에 산과 물빛이 나를 포근히 감싸 안아 준다. 팔을 뻗어 골짜기 위로 살랑이며 올라오는 봄바람을 살며시 잡아본다. 5월의 봄바람을 벗 삼아 학골 저수지에서 수채화 풍경에 풍덩 빠졌다. 연둣빛 사랑에 빠졌다.

망초(亡草)와 잔꽃

망초는 북아메리카가 원산지인 귀화식물로 망초와 개망초 두 가지가 있다고 한다. 망초는 '잔꽃풀', 개망초는 '큰잔꽃풀'이라고도 부른다. 예쁜 이름도 있건만 사람들은 굳이 망초라고 부른다. 그 뜻의 의미도 '망할 놈의 풀', '개같이 망할 놈의 풀'이라고 하니, 이 풀에 얼마나 많은 한이 맺혔으면 이렇게 독한 이름을 붙였을까. 그래서 망초꽃을 대하면 예쁘다는 생각이 앞서기보다 왠지 모르게 무시하거나 비하하는 느낌을 갖게 된다.

망초는 조선 말 일제하에 경인선, 경부선 철도 건설에 필요한 침목을 수입할 때 우리나라에 묻어 들어왔다고 한다. 그래서 처음에는 철도 주변으로 꽃이 피었는데, 그것을 본 사람들이 일본인들이 나라를 망하게 하려고 우리나라에 일부러 퍼트린 것이라고 생각했단다. 그래서 침략자 일본에 대한 원망이 섞인 망초라는 이름으로 이 땅에서 싹을 틔운 것이라고 한다.

망초는 사람의 손을 잠시만 벗어나면 가장 먼저 자리를 차지하고 꽃을 피우는 통에 오해받기를 자초한다. 땅 주인이 집을 비우고 멀리 떠났다거나, 몸이 쇠하여 관리를 잘 못 하면 영락없이 마당을 차지하고 있으니 '망할 풀'이라는 오해를 사기에 딱 맞다.

망초는 6월 25일을 전후해서 꽃을 한창 피운다. 60여 년 전 그때, 아무도 돌봐주지 못할 전쟁터에서 외롭게 죽어간 무명용사의 무덤을 쓸쓸하게 지켰을 꽃도 망초가 아니었을까? 그래서 망초가 피는 계절이 되면 호국영령에 대한 생각으로 숙연해지기도 한다.

애초에 잘못 얻은 이름 때문에 생긴 부작용 탓이었을까? 망초꽃이 많이 피었다고 해서 사람들이 아름답다고 이야기하는 것을 들어 보지 못했다. 나 역시 망초를 보면 그런 생각이 든다. 하지만 이름이 망초라고 해서 어찌 사람들을 망하게 하는 꽃이겠는가? 알고 보면 이름을 얻을 때 오해를 받았을 뿐이고, 척박한 곳에서도 강한 생명력으로 꽃을 피운 죄밖에 없는데 말이다. 그런데도 사람들은 망초에 대한 오해를 쉽사리 풀지 못하고 있다.

오늘 대청호 주변 산행 중에 망초가 가득히 핀 곳을 보았다. 강렬한 6월의 태양 아래 사람들이 무엇이라고 말하든 말든 온통 흰색으로 연출한 언덕이 장관이었다. 소금을 뿌린 것처럼 메밀밭이 아름답다고 했는데, 망초꽃이 한창 핀 언덕을 어찌 소금을 뿌린 것과 견줄 수 있겠는가 싶었다. 차라리 초록색 6월의 언덕에 대비되는 12월의 설경이라거나, 아니면 은빛 축제가 열리는 동화 속 은국(銀國)이라고 말하고 싶었다.

망초의 태생이 외국이라 하여 얕잡아 볼 수 있으나 이젠 어엿하게 귀화식물이 되었다. 노랗고 붉은 형형색색의 귀화식물은 사람들이 사는 집안이나 정원에서 호사를 누리지만, 망초는 누구 하나 돌보아 주지 않는 내 나라 내 땅에서 6월의 들판을 묵묵히 장식하고 있다. 아름다움에 대해 겸손하기도 하지만, 희다는 이유만으로도 역사적으로 척박한 터전에서 질긴 삶을 살아온 우리의 민족성과 많이 닮아 정이 간다.

이제 깊은 오해의 골에서 그들을 구원해 주었으면 좋겠다는 생각을 해 본다. 외롭고 쓸쓸함도 때로는 아름다움으로, 예술로 승화될 수 있지 않은가. 보이지 않는 곳에서, 알아주지 않는 곳에서 피워낸 그들만의 세상을 많은 사람들이 수채화로 그렸으면 좋겠다. 망초가 아니라 잔꽃풀로 말이다.

임하부인(林下夫人)

으름덩굴은 산비탈이나 능선에는 없지만 골짜기에 들어서면 쉽게 볼 수 있는 덩굴식물이다. 다래처럼 다른 나무를 타고 올라가 서로 얽히고설키며 살아간다. 으름덩굴의 얼굴은 열매가 아닐까 싶다. 열매는 초봄에 한 개 또는 서너 개씩 맺어 초록으로 영글다 추석 무렵이면 연한 갈색으로 익어간다. 그리고 완숙 단계에 이르면 겉껍질에 세로로 금이 가며 쩍 벌어진다. 벌어진 열매를 보면 부드럽고 촉촉하게 벌어진 우윳빛 속살이 까만 씨앗들을 품고 있다. 그 모습이 탐스러워 절로 따고 싶은 유혹에 빠진다.

새해 첫날, 흐린 날임에도 불구하고 첫 산행을 위해 홀로 집을 나섰다. 싸늘한 겨울, 새벽 공기를 가르며 차를 몰았다. 텅 빈 옆자리를 보니 혼자라는 것에 대한 외로움과 고독함이 산 입구에 도착할 때까지 머릿속에 가득 채워진다.

두타산 기슭에 위치한 마을에 도착하여 올라갈 길을 골짜기로 택했다. 마을은 벌써 희뿜하게 밝아 왔지만 골짜기는 들어갈수록 더 캄캄해졌다. 오솔길 양옆에 서 있는 소나무 외에는 모두 흑백인데, 가끔 나타나는 진한 색깔의 잎사귀 무덤이 자꾸만 신경이 쓰이게 했다. 어둠 속에서 완전히 분간되지는 않았지만 이 녀석들은 분명 인동초(忍冬草)일 거라고 생각하며 걸었다.

길게 이어지는 오솔길을 걸어 마침내 산 정상 가까이 올라가니 새해 아침의 여명은 밝아오고, 멀리 바라보는 시내의 불빛은 모두 사그라졌다. 등산길 초입에서 인동초라고 생각했던 초록색 잎사귀를 달고 있는 넝쿨들이 여기저기 무더기로 흩어져 있었다.

그 넝쿨을 자세히 보니 인동초가 아니라 으름덩굴이었다. 올겨울 들어 벌써 몇 차례나 추위가 몰아쳤음에도 어떤 잎은 원래 모습 그대로, 또 어떤 잎은 비록 얼긴 하였으되 죽지 않은 채 영하의 추위를 견디고 있었다.

어릴 적 먹을 것이 귀하던 때, 봄이면 깊은 산에서 고사리며 참나물이며 취나물을 뜯는 것은 아낙네들 몫이었고, 가을이면 머루, 다래, 돌배 같은 산열매를 따는 것은 남정네들 몫이었다. 머루나 다래는 꽤 높은 산골짜기에 들어가야 만날 수 있지만, 으름은 동네 가까운 뒷산 골짜기에서도 흔히 볼 수 있었다. 한여름을 지나 벌초할 때쯤에는 아직 덜 익었고, 추석을 지나 성묘할 때가 되면 먹음직스럽게 익어간다. 어릴 때는 귀한 먹을거리였기에 좀 덜 익은 것도 채취하여 보리쌀 단지에 묻어 두었다가 숙성되면 먹기도 했다. 그래서 으름덩굴은 어린 시절을 함께했던 친한 나무 중 하나였고, 말로만 듣던 바나나를 대신해 주었다.

지난봄에 으름덩굴에서 복주머니 모양의 자주색 꽃을 만난 적이 있다. 처음 본 순간 '아, 으름덩굴꽃이 이렇게 생겼구나!'라고 나도 모르게 탄성을 질렀다. 자주색 비로드로 만든 작은 복주머니라고나 할까? 귀엽고 앙증스러운 모습을 아직도 기억하고 있다.

지난 추석 무렵에는 뒷산 골짜기에서 으름을 다시 만났다. 유년 시절과 달리 지금은 열매에 욕심을 내는 사람도 없어 여기저기에 주렁주렁 매달려 있었다. 먹음직스럽게 잘 벌어진 열매를 한 개 따서 먹어보았다. 어릴 때는 그렇게 맛있게 먹었는데 지금은 씨를 골라내는 것 자체가 여간 힘이 들지 않았다. '으름'이란 이름을 얻게 된 연유도 처음 알았다. 열매를 먹다가 씨앗을 씹으면 그 느낌이 얼음 같기도 하고 과육이 투명한 얼음 빛깔을 띤다고 하여 '으름'이라는 이름을 얻었단다.

으름의 또 다른 이름은 임하부인(林下夫人)이라고 한단다. 식물에는 원래 이름 외에도 수많은 별명이 있는 것을 보았지만, 으름덩굴에 대한 생각을 종합할 때 '임하부인'이라는 것이 이렇게 절묘하게 맞아떨어질까 하고 속으로 놀랐다. 숲속 여인이라고 해석하면 될까? 잘 익은 열매에 어떤 사람이 이렇게 부인(夫人)이라는 이름을 붙여 주었을까? 멋진 이름을 생각하니 으름덩굴의 신분이 정경부인 못지않게 한층 더 격이 높아 보인다.

그러나 임하부인이라는 뜻은 원래 열매 모양이 여인의 중요한 부분을 닮아서 얻어진 별명이라고 한다. 잘 익어 벌어진 열매의 속살에서 은밀한 곳을 상상하며 지어낸 짓궂은 이름이라는 데도 엉큼하거나 외설스럽지 않고 오히려 미소가 지어진다.

그런가 하면 지난봄에 만났던 으름덩굴꽃의 자태도 부인 격에 잘 어울리는 것처럼 보인다. 꽃 색깔과 모양에서 고귀한 부인이 지니던 자주색 비로드의 복주머니가 연상되기 때문이다. 자주색 비로드는 내 어머니의 모습이기도 하다. 어릴 적 희미한 기억으로 비로드 옷감이 한때 유행하던 때가 있었다. 그 비로드로 한복을 만들어 입으시고 좋아하시던 어머니가 연상되기에 어머니 꽃이라고도 부르고 싶다.

이제부터 산행에서 으름을 만날 때는 임하부인으로 만나야겠다. 청명한 날 그 여인의 느낌 그대로 아름다운 임하부인과 잠시 연분홍 사랑을 나눌 수도 있고, 아니면 곱게 단장하신 어머니와 동행할 수도 있지 않겠는가. 오늘도 비록 홀로 간 산행이었으나 임하부인을 만났으니 외로운 산행은 아니었다. 이제 산행할 때 정취와 감미로움이 한 가지 더 생겼으니 이후 산행의 즐거움이 벌써 전해오는 것 같다. 특히나 임하부인은 겨울에도 생기가 넘치니 사계절 산행이 외롭지 않을 것 같다.

초원 위에 빛나는 별

끝없는 지평선을 하루 종일 달릴 수 있는 나라를 보면 괜히 심술이 난다. 심술도 나지만 다른 한편으로는 부럽기도 하다. 밤하늘에 별빛 한 번 보겠다며 끝없이 광활한 지평선을 달리고 날아서 이곳에 온 지 벌써 3일째. 광활했던 대평원은 산맥을 가로 넘는 고갯길을 끝으로 꼿꼿한 나무 한 포기조차 없는 몽골 초원에 들어섰다.

그저 평범한 산 하나를 지나왔는데 해발 1,800미터급이라니, 고산증을 견딜 수 있느냐며 가이드가 걱정스레 물어본다. 그렇지 않아도 이렇게 큰 평야를 가지지 못한 것에 심통이 발동해, 눈만 뜨면 이 정도 산은 늘 다니는 사람들이니 걱정을 말라며 일축했다.

천하를 정복했던 그들의 자랑스러운 선조 칭기즈칸이 연상되었을까? 우락부락하고 건장한 청년들과 체격 좋은 처녀들이 다짜고짜 우리를 에워싸더니 우렁찬 노래 한 곡을 선사하고, 연이어 독한 술 한 잔을 반강제적으로 건넸다. 기세에 눌려 생긴 긴장감과 낯선 이방인에 대한 경계심이 술 한 잔에 스르르 풀어진다. 그러고 보니 그들은 우리와 꼭 닮은 모습을 한 사람들이 아니었던가.

여장을 풀 틈도 없이 처음 혼자 힘으로 타는 말에 올라 초원을 향해 나선다. 잠깐 달려온 것 같은데 저만치 보이던 마을은 어느새 언덕에 묻혀 시야에서 사라져 버렸다. 드넓은 초원을 향해 말을 타고 한 바퀴 빙 돌아보니 이곳이 곧 저곳 같아 방향감각을 잃어버리기 십상이었다. 다만 내 그림자 방향이 마을 위치를 대강 가르쳐 주었다.

저 언덕 너머에 먹구름 한 줄기가 지면에 드리웠으니 혹시 그곳에는 빗줄기를 뿌릴까? 그런가 하면 또 다른 초원의 한쪽에는 먼지바람이 일었다가 다른 언덕으로 사라졌다. 초원의 밤하늘에 별이 그렇게 초롱초롱 빛난다고 하던데 황톳빛 하늘을 보니 오늘 밤 별 구경을 하지 못할까 걱정이 앞섰다.

지평선 너머로 해가 넘어갈 즈음, 사람들이 마을 한가운데에 있는 공연장 주위로 하나둘씩 모여들었다. 마침내 모닥불이 피어오르며 민속 공연의 시작이 임박했음을 알렸다. 하늘과 바람과 초원이 청아한 몽골 처녀들의 노랫가락과 율동을 타며 빙빙 돌아가고, 사람들이 홍에 취하고 술에 취해 여행객과 현지인이 하나가 되는 사이, 초원의 밤은 점점 깊어갔다.

멍석에 누우니 앞산과 뒷산 사이에 빼곡히 들어선 별들이 아름다웠던 고향의 한여름 밤의 기억을 떠올리게 한다. 그렇게 초롱초롱했는데 그것보다 더 나으려나? 이곳의 별빛이 궁금해졌다.

공연이 막바지를 향하며 모닥불도 꺼지고 공연 내내 불빛에 산란하였던 희뿌연 하늘도 서서히 검은색으로 변해간다. 사람들이 제각각 잠자리를 찾아 떠나간 자리에 하나둘 별들이 찾아왔다. 별은 몽골 처녀의 노랫소리가 담긴 이슬이 풀 끝의 선율을 타고 모두 하늘에 올라간 것일까? 어느새 초원의 밤하늘에 별들이 모두 나와서 빛을 발하기 시작했다.

너무 크고 선명해서 금방이라도 우수수 떨어질 것 같은 별빛은 점점 더 현란해져 폭죽이 터진 듯하고, 아롱거리는 저 작은 별들은 고요한 밤하늘에 은색 강을 더욱 선명하게 만들어 냈다. 매 순간 유성이 초원의 언덕 바로 위로 떨어지니 불꽃놀이의 여운과도 같다. 보석 같은 저 별은 언덕에 올라 조금만 더 발돋움하면 쉽게 잡힐 듯하니, 사랑하는 이여. 곁에 있다면 당장 따다 한 아름 안겨 주었을 것을. 지금 함께 있지 못하니 안타까울 따름이요. 혼자만 바라보며 좋다 하기엔 아깝고도 벅차니 이 마음에 어떻게 전해 주리.

초원의 언덕 위에 배고픈 승냥이 한 마리는 멀뚱하니 마을을 굽어보고, 초원의 밤하늘은 별빛 따라 초롱초롱 깊어만 간다. 낭랑한 노래를 부른 주인공 소녀도, 양치기 소년도, 여행에 지친 이방인도 쏟아지는 별빛 머금은 이슬과 함께 단꿈에 젖어 들고, 홀로 찬란한 은하의 해변을 거닐며 또 다른 여행을 한다.

금수산, 짧은 가을 여행

사랑하는 사람들 사이로 가을이 가고 있었다. 사람 사는 동네에는 아직 단풍이 물들기도 하고, 한편으로는 우수수 잎을 떨구던 어느 늦가을 오후. 청풍호반 수변 마을에 서서 바라보는 호수는 고요히 은빛으로 반짝였다. 사랑하는 사람과 손을 꼭 잡고 가을 속으로 더 깊이 들어가고 싶어지는 가을이다.

자드락길 따라 정방사 계곡으로 향했다. 늦은 오후라 정방사까지 걸을 시간은 없겠지만 혹시나 차도(車道)가 나 있을까 기대하며 차머리를 돌렸다. 다행히 정방사로 가는 숲길이 열려 있었다. 가을 숲은 호수 변 풍경과 달리 벌써 썰렁하다. 어떤 나무는 낙엽을 모두 떨구었고, 단풍잎은 말라 바스락거리며 겨울 채비를 하고 있었다. 다만, 얼마 전에 내린 비로 계곡 물소리가 또랑또랑 들린다.

계곡 속 작은 주차장에 서 있는 서너 대의 차 지붕 위로 낙엽이 쌓이는 가운데 정방사까지 도열한 노송의 안내를 받으며 걷는 길이 호젓하다. 바람 소리 낙엽 지는 소리 숨을 죽이고, 가끔씩 산새 소리 청아하게 들려온다. 또각또각 구둣발 소리가 숲을 울리고 정방사 대문인

양 벌어진 바위 사이를 지나니 범종각이 먼저 눈에 들어온다. 사람 흔적은 없고 대신 제법 살진 강아지 한 마리가 물끄러미 산객을 맞는다.

범종각을 앞에 두고 지금보다 젊었던 그때 그 시절. 배낭 하나 메고 저승봉을 찾아가다 길을 잃고 잠시 머물렀던 기억이 난다. 청년 시절을 함께 했던 그 산우들도 세월의 무게를 이기지 못하고 이지러지는 인생의 고갯마루에 서 있을 것이다. 한 삼십 년 세월이 참 짧게 지나갔지만, 정방사는 변함없이 그 자리에 그 모습으로 있다.

범종각 옆으로 난 계단을 오르니 엄청난 절벽 아래 아슬아슬 터를 닦고 자리 잡은 정방사. 662년 의상대사가 세운 것으로 알려졌으니 벌써 1,356년 전이다. 천년 넘은 정방사 원통보전에는 스님의 인기척은 없고, 처마 밑 풍경 사이로 바람이 '뎅그렁'하고 지나간다.

마당 앞으로 펼쳐진 금수산이 원앙금침으로 수놓은 이불처럼 붉기도 하고 푸르기도 하다. 한여름 푸른빛 일색의 숲이 무슨 조화로 이렇게 변신을 했나. 단청 처마와 어울리는 금수산의 오묘한 색깔에 일몰되는 빛을 덧입으니 우리가 상상하는 불국정토는 이런 곳이 아닐까 하는 생각이 들었다.

지장전 가는 길에 서 있는 해수관음상은 산 아래 청풍호를 굽어보고 있다. 우리나라에 몇 없는 해수관음상을 무슨 연유로 이 깊은 산속에 모셨을까? 바다 없는 내륙 청풍호가 있었으니 바다처럼 넓은 관음보살의 보살핌이 산골에도 넉넉히 퍼지길 바라는 마음이었을까?

아름드리 소나무에 둘러싸인 지장전, 산신각을 돌아보고 다시 원통

보전 앞마당에 서서, 가슴이 서늘하도록 터진 하늘과 숲과 호수를 바라본다. 청풍호에 조각배가 물살을 가르고, 맑은 하늘에 구름들이 추억을 그린다. '생야일편부운기, 사야일편부운멸(生也一片浮雲起 死也一片浮雲滅)'이라는 한시(漢詩) 한 소절이 생각난다. 나는 가고 정방사는 남고, 정방사 허물면 남은 사람이 고쳐 세우고, 갈 사람은 가도 정방사는 그렇게 세월을 보낼 것이다.

솔바람 부는 산사의 품에 안긴 오늘의 추억도 죽음에 이르기까지 행복하게 오래 남아 있었으면 좋겠다. 눈감는 그 날까지 기억할 수 있다면 그 순간도 얼마나 행복할까 라는 생각이 든다. 이 와중에 번민 많은 속세인이라 해우소에 걸터앉아 근심을 털어내는 순간에도, 평범치 않은, 이 세상에서 가장 아름다운 곳에서 몇 안 되는 행복을 하나 더 가져 본다.

절 문을 걸어 나오는데 해가 저물어 간다. 그냥 가기 아쉬워 계곡물 흐르는 바위에 앉아 한 번 더 가을을 본다. 시냇물은 여전히 조잘거리며 바위와 낙엽 사이를 흐른다. 겨울로 가는 낙엽이 허공을 가르는 것처럼, 계곡 따라 흘러가는 물처럼, 우리 인생도 다시 거슬러 올라올 수 없는 곳으로 흘러간다. 아래로 아래로 몸을 낮추는 낙엽과 물이 있는 계곡 속 인생을 보다 보니, 짧은 가을의 해거름이 점점 더 짙게 드리워진다.

기암 일만 봉 추억

'월출산 고갯길을 굽이굽이 돌아서, 나 여기 찾아왔네. 해남 아가씨.' 학창 시절에 즐겨 불렀던 가사를 흥얼거렸다. 영암에서 해남으로 가는 길에 만날 수 있는 월출봉, 꿈에 그리던 월출산을 찾았다. 선배 문인과 산객들의 칭송을 자자하게 들어오던 터에 언제나 찾아갈 수 있을까 하며 몇 해를 기다려왔는데 드디어 가을 끝자락에 기회를 잡았다.

태초의 월출산에는 스스로 움직이는 바위(動石) 3개가 있었다고 한다. 중국 사람들이 이를 시기하여 몰래 산 아래로 바위를 굴러 떨어뜨렸다는데, 그중 한 개가 월출산으로 다시 기어 올라왔단다. 그래서 영암이라는 지명을 얻었는데, 월출산은 영암과 한가지이자 영암의 얼굴이라고 한다.

월출산의 계곡은 대부분 급경사를 이루는데, 그중 남쪽 계곡으로 흐르는 물줄기의 완만한 모습이 마치 무명베를 길게 늘어놓은 것처럼 보인다고 하여 경포대라고 한단다. 바로 그 경포대 계곡을 산행 들머리로 삼고자 우리는 그곳에 도착했다. 계곡 입구에 남아있는 단풍 몇 그루. 남도의 풍경 초록빛 차밭 그리고 경포대 계곡 사이로 우뚝 솟아 있는 천황봉이 낯선 산행객을 맞았다.

성급한 마음으로 산문에 들어섰다. 산 입구의 동백은 꽃이 피기 시작했고, 편백은 허리를 곧게 세워 하늘을 찌를 듯 기세등등하다. 우리는 동백과 편백 숲 사이를 바람같이 올라 바람재에 도착했다. 헐떡이며 올라오는 산객을 향해 바람재는 '천황봉으로 갈 것이냐, 구정봉(향로봉)으로 갈 것이냐.'라고 묻고 있었다. 우리는 이구동성으로 '둘 다 요'라고 속으로 외치곤 왼쪽 길을 따라 구정봉으로 향했다.

구정봉 아래에는 특이한 동굴이 하나 있는데, 임진왜란 때 아낙네들이 이곳에서 베를 짰다고 해서 베틀굴이라고 불리는 곳이다. 하지만 호사꾼들의 말을 빌리면 여성의 가장 아름다운 그곳이란다. 겉도 그렇거니와 속도 빼닮은 베틀굴을 구경하고 우물이 9개 있다는 구정봉에 올랐다. 앞뒤 좌우 빙 돌아가며 솟아 있는 월출산 바위 봉우리를 관망하고 산 아래로 탁 트인 전경을 바라보며 통쾌함에 감동까지 얻었다.

구정봉 아래로 펼쳐지는 돌탑 군락을 보니 천하 태산도 월출산을 베껴 만든 것만 같았다. 금강산 일만이천봉을 우리나라 최고의 산으로 친다면, 월출산도 능히 일만봉의 기암괴석을 거느린 영산임이 틀림없었다. 구정봉의 풍경에 흠뻑 빠지는 것도 좋지만 갈 길이 바빠 서둘러 천황봉으로 향했다.

가는 길에 월출산 남근석을 만났다. 건너편 구정봉 아래 베틀굴을 바라보며 서 있는 남근석. 이 두 개의 상징물 덕택에 월출산이 외형적으로는 남성적이지만 음양의 조화를 잘 이룬 산이라고 한다. 그래서일까 다시 천황봉 쪽을 바라보니 두 남녀가 서로 포옹하고 입맞춤을 하는 사랑바위가 보인다. 돼지바위, 복어바위, 우럭바위…. 어디서 어떤 생각으로 보느냐에 따라 달라지는 수만 개의 월출산 바위 이야기 중 으뜸이 아닐까 한다.

바람재부터 하염없이 바라보고 달려왔던 천황봉에 드디어 도착했다. 경포대에서 올라오며 보았던 풍경과 달리 이번에는 천황봉 너머로 더 많은 기암 암봉들이 겹겹이 둘러싸 절벽을 이루었다. 산 아래로 펼쳐진 영암 평야가 저만큼 너른데, 저리로 밀쳐 떨어뜨린 바위가 얼마나 영험했으면 저 스스로 산 위에 다시 올라왔을까? 바위 암봉마다 영험함이 깃들어 있는 듯 보였다.

이제 통천문을 거꾸로 통과하여 세상으로 내려갈 차례다. 굽이굽이 암봉 능선을 따라가다가 180도로 방향을 바꾸고, 다시 내리막으로 가는가 싶더니 또 오르막으로 기어올랐다. 그러고 나서야 본격적인 하산길이 시작된다. 발아래로 빨간 구름다리가 보이는데 얼마나 걸어야 저기까지 도달할 수 있을까? 거리도 그렇지만 바라보는 곳에서 아찔한 수직 각도를 이루고 있으니 대체 어떻게 내려갈지가 궁금하다.

첫 번째 궁금증은 구름다리 직전이었다. 아득한 절벽 위에 철 계단을 매달았다. 각도가 75도는 되지 않을까 싶었다. 난간을 잡고 조심조심 내려서자니 발끝마다 아찔한 계곡이 걸려있었다. 누가, 대체, 왜,

무슨 생각으로 이런 곳으로 길을 낼 생각을 했는지 그의 모험심을 알아줄 만했다. 그렇게 겨우 내려오면 이번에는 건너편 암봉까지 구름다리로 연결되어 있다. 구름다리 또한 왜? 굳이 길도 없는 이곳을 연결하려 했는지 또 한 번 말문이 막힌다.

구름다리에 서서 되돌아온 길을 다시 올려 보니 기가 막힌다. 먹고살기 힘들던 70년대 시절에 어쩌면 이런 사치스러운 생각을 했을까? 라는 의문의 꼬리를 다리난간에 매달았다. 한 7시간을 바윗길로 걸은 탓에 다리가 무겁다. 특히 천황봉부터 가파른 내리막인 탓에 허벅지에 알이 하나둘 배기기 시작했다.

월출산 입구 표지석에서 다시 월출산을 바라본다. 저 멀리 천황봉에서 산 능선을 굽이굽이 돌아 내려왔다. 밑에서 올려다보니 그 중턱에 턱 하니 걸려있는 구름다리가 마치 장난감을 올려둔 것처럼 보인다. 풋, 내가 저런 곳을 다녀왔다니, 믿기지 않았다.

내가 다녀온 곳은 월출산이 아닌 것 같다. 금강산이든 태산이든 그런 곳을 다녀온 것 같다. 단풍이 마지막으로 불타는 나무 아래서 월출산 산행을 마감한다. 벌써 어둑한 기운이 감도는 시간이다. 이럴 때 이른 보름달이 두둥실 떠올랐으면 더 좋았을 텐데 말이다.

수크령 피는 언덕

길섶에 핀 몇 포기 수크령을 보니 고향 뒷산이 그리워진다. 긴 여름 방학이 끝날 무렵, 오후가 되면 햇살에 반사된 수크령 깃털이 산비탈을 은빛으로 눈부시게 하던 그때 그 언덕을 그려본다. 추석을 바라보는 고향 뒷동산에 지금쯤 많이 피어있겠거니 눈에 선하다. 가을 문턱을 넘기도 전에 뒷동산 구릉을 지천으로 덮었지.

그때는 강아지풀보다 좀 더 크고 질긴 풀 정도로만 알았다. 그 풀이 수크령이란 것을 알게 된 것은 최근 들어 식물에 대한 명찰 공부를 하면서부터였다. 얼핏 스컹크 꼬리를 닮아서일까? 라는 생각을 했는데 이리 꼬리를 닮았다고 한다. 그래서 수크령의 또 다른 이름이 랑미초(狼尾草)라고도 한단다.

수크령을 멀리서 보면 부드러운 풀 같아 보이지만 가까이 다가가면 까끌까끌한 씨앗들이 사람들을 성가시게 만든다. 그래서 풀숲으로 함부로 들어가기가 망설여진다. 이곳에는 소를 매어 두어도 풀을 뜯어 먹지 않는다. 종이까지 뜯어 먹는 천하의 염소도 외면하는 하찮은 풀인 것이다. 또 나무가 들어찬 음지보다는 양지를 좋아하니 여름 뙤약

볕 아래에서는 이 풀과 친해지기가 그리 쉽지 않다.

선선한 바람이 부는 초가을 저녁때가 되어서야 비로소 수크령 피는 동산에 올라앉아 동네를 내려다볼 여유가 생긴다. 그때 저녁 햇살에 반사되어 은빛으로 물결치던 찬란함은 시간이 많이 흐른 지금에야 겨우 추억으로 깨닫는다.

여름방학이 지루한 악동(惡童)들에게 수크령이 자란 오솔길은 묘한 웃음을 짓게 만든다. 웃음 하나로 다 통하니 누가 말하지 않아도 서로 마주 보는 이 풀을 매듭지어 둔다. 그리곤 천연덕스럽게 놀면서 길가는 동네 아주머니나 여학생이 자빠지기를 기다린다. 수크령은 개구쟁이들의 놀잇감으로 쓰이던 것과 달리 결초보은(結草報恩)이라는 말의 어원(語原)이라고 한다.

춘추시대 진나라의 위무자라는 자가 그의 아들 과에게 자신이 죽기 전에 애첩을 순장(殉葬)해달라고 유언을 남겼지만 과는 애첩을 살려주었다. 시간이 흘러 과가 전장에 출전하여 두회라는 적장에게 쫓기는 일이 있었는데 뜻밖에 두회의 말이 풀에 걸려 넘어졌고, 이를 기회로 과는 전세를 반전시켜 목숨을 구하고 전쟁에서도 승리하였다. 애첩의 아비가 과에게 은혜를 갚기 위해 풀을 결박하여 두었다가 두회가 탄 말이 넘어지게 만들었기 때문이었다. 이때 매듭지은 풀(結草)이 바로 수크령이었다고 한다.

과연 수크령은 달리던 말도 넘어뜨릴 수 있을 정도로 강하다. 웬만한 장정도 맨손으로는 뽑아낼 수 없을 만큼 억센 뿌리가 사방으로 퍼져 있다. 한 번 자리를 잡으면 사람이나 짐승들의 발길에도 굴복하지 않는다.

산비탈이나 둑에서는 아무리 비가 와도 흙이 유실되지 않게 잘 보호해주기도 한다. 질긴 생명력을 잃지 않으려고 그들이 모여 있는 자리에는 좀처럼 다른 풀들이 비집고 들어올 틈이 생기질 않는다. 질기고 투박한 민초들의 삶과도 같고, 인생 역경을 이겨내는 서민들의 모습과도 닮았다.

수크령은 깊은 산속에도 있지만, 그보다는 사람 냄새가 나는 곳을 더 좋아하는 것 같다. 그래서 산기슭의 끝자락에 자리 잡길 좋아한다. 때로는 사람들이 오가는 오솔길의 양옆에 서서 길가는 사람들의 발목을 붙잡는다. 그들 중 일부는 양말목과 바짓단에 붙어 함께 가고자 한다. 그래서 사람들의 흔적이 있는 발길 근처에 뿌리를 내리고자 한다.

억새처럼 키가 크지도 않고 화려하지도 않지만 아름답지 않은 것만은 아니다. 소리 없이 꽃을 피우고 또 피워낸 수크령이 있는 언덕의 일몰. 석양에 반사되어 은색 풍경화로 가을 언덕에 그림을 그린다. 그래서 수크령이 피는 언덕은 삶을 달관한 인생의 후반부와 닮아있다.

한 짐 나무를 지고 오던 나무꾼들의 쉼터도 바로 이 언덕이었다. 촌로의 주름살처럼 수크령 피는 언덕에도 작은 골이 진다. 그 골짜기마다 맺힌 촌로의 평생 사연들이 햇살에 산란한 은빛 물결을 따라 휩쓸리다 하늘로 흩어진다.

아무짝에도 쓸모없는 줄 알았는데 사람에게 약재로도 쓰일 수 있다고 한다. 소변을 잘 나오게 하고, 결석을 녹여내며 눈을 맑게 하는 약성도 가지고 있다니, 수크령의 또 다른 가치를 깨닫는다.

햇살에 부서지는 수크령의 은빛 언덕과 파란 하늘 속 새털구름이 어우러져 함께 가을을 부른다. 머지않아 단풍 맞을 준비가 시작된다. 수크령의 은빛 물결이 넘실거리는 가을 정취가 그립다. 내일모레가 벌써 추석이다. 고향 집에 당도하기도 전인데 나는 벌써 수크령 피는 뒷동산에 올라가 있다.

석양의 종소리

여름이 익어 갈수록 하늘이 맑고 푸르러 간다. 빌딩 숲의 도시를 둥그렇게 두른 산들의 곡선을 경계로 푸른 하늘과 선명하게 대비되는 여름이다. 석양이 넘어가는 오후 6시 30분, 하루를 태운 붉은 태양이 동림산 너머로 고즈넉하게 넘어간다. 석양에 반사된 구름이 도시의 하늘을 은은하게 채색한다. 도심에서 바라보는 석양이 언제 이렇게 아름다웠던가. 그간 하루하루를 빡빡하게 살면서 하늘 한 번 여유롭게 쳐다볼 시간이 없었던 것 같다.

그럴 즈음에 우암산 기슭에서 둥, 하는 범종 소리가 났다. 그 긴 여운의 끝이 사라질 즈음, 이번에는 기다리기라도 한 듯 시내 쪽에서도 둥, 하는 소리가 났다. 석양을 바라보며 산과 시내가 서로 기다리듯, 바라보듯, 들려주는 종소리에 한참 귀 기울였다.

도심에서 듣는 사찰 종소리가 새삼 은은하다. 종소리가 울리는 그 짧은 순간에 시내의 차 소리, 경적이 잠시 멎은 듯 평온함이 느껴졌다. 그동안 세속 사람들의 빈틈으로 매일 울려 퍼졌을 텐데 오늘에야 비로소 처음 들었다. 나만 그랬을까? 아마 다른 사람들도 도시의 소음에 묻혀 그랬을 것 같다.

산에서 들려오는 저 종소리, 사람들에게 무슨 말을 전하고 싶을까? 복잡한 사연과 의미가 많겠지만 굳이 찾아보지 않았다. 종이란 어떤 시각이나 신호를 알리거나 기쁨, 경고, 슬픔을 알리는 것이 본래 역할일 거다. 사찰에서 울리는 종소리도 이 범주 안에 있을 것이고 더불어 평화와 사랑이 넘쳐나길 기원하는 의미를 담고 있을 것이기 때문이다.

십여 년 전에 고층 아파트에 살면 누릴 수 있는 전망 좋은 베란다의 꿈을 기대하며 이사했다. 하지만 그것은 어리석은 허상이었다. 큰 도로변에 살고 있다 보니 소리에 무척 예민해졌다. 특히 여름에는 강렬한 소음으로 창을 열 수도, 안 열 수도 없는 고통 속에 살고 있다.

창문을 열면 자동차 소리가 하루 24시간 쉼 없이 빼곡히 지나다닌다. 새벽잠을 설치게 하는 청소차는 그나마 좀 더 부지런해야 한다는 반성을 하게 해 준다. 응급차, 구급차, 견인차들이 지나갈 때는 숨도 넘어갈 듯 호흡이 거칠어진다. 가장 힘들게 하는 것은 소음기가 제거된 승용차나 이륜차다. 귀를 뚫을 듯 굉음을 내며 밤낮으로 질주한다. 도로를 반으로 갈라놓을 듯이 달릴 때면 마음의 평화는커녕 분노마저 치밀어 오를 지경이다.

그런데 고요해질 무렵에 울려 퍼지는 저 종소리는 작은 가슴에 평화를 가져다주었다. 보잘것없이 작은 소리지만 저 소리가 도시 소음을 잠재울 수 있겠구나 라는 생각이 들었다. 역시 좋은 소리는 귀로 들어와 마음을 울렸다 적시고 지나가는가 보다.

도시에 살면서 잊어버린 소리를 듣고 싶다. 봄이면 뻐꾸기와 꿩이 울고, 여름이면 매미와 소쩍새 소리. 가을이 오고 겨울이 되면 우리가 잊어버린 어떤 소리들이 찾아오는 도시가 좋다. 도시에 나무를 심고, 동산을 살리고, 실개천을 살리면 자연의 맑은 소리가 더 많이 들리지 않을까? 아파트를 짓고, 공장을 짓고, 상가를 지을 때 자연과 문화 공간을 대폭 더 늘릴 수는 없는 것일까?

나무 많은 숲에서 새소리 나고, 담 너머 공연장에 합창 소리 들리고, 도서관에서는 책장 넘기는 소리, 공원에서 들리는 아이들의 웃음소리를 상상해 본다. 경제 중심 도시에서 이런 것들을 위해 훨씬 더 많이 양보해 주는 도시를 꿈꾸어 본다. 불가능하기만 한 걸까? 석양의 종소리를 들으며 생각하는 단 한 가지의 아쉬움이었다.

동림산 3락(樂)

지도를 살펴보면 충북의 가장 서쪽을 지키고 있는 산이 바로 동림산이다. 세종시 전동면과 천안시 수신면 그리고 청주시 옥산면을 경계로 하고 있으므로 서쪽의 삼도봉(三道峰)이기도 하다. 동림산을 우리말로 풀이하면 '동쪽의 숲을 이루는 산'이다. 옛날에는 오동나무가 많았기 때문인지 동림산(桐林山)으로 표기했으나 동림산(東林山)으로 바뀌었다고 한다.

해발 457미터로 그리 높은 산은 아니지만 청주 주변의 산세를 감안하면 서쪽에 우뚝 솟은 산처럼 보인다. 바위산이라기보다는 전형적인 육산으로 무게감까지 막중하게 느껴진다. 그리고 산자락을 사방으로 길게 늘어뜨리고 있어, 주변 마을은 물론 바라보는 사람까지 마음을 편안하게 해 준다.

옥산과 오송은 강감찬 장군과 유독 인연이 많은 곳이다. 옥산에는 강감찬 장군 묘소가 있고, 오송에는 장군의 병사들이 훈련했다는 병마산이 있으며, 동림산은 장군이 말년을 보낸 곳이라고 전해진다. 그러므로 미호천 일대는 고려의 중요한 군사적 요충지 겸 배후지였으며, 중원을 향한 큰 뜻이 서린 곳이기도 하다. 특히 올해는 살수대첩 1,000주년이 되는 해라고 하니 새삼 의미가 더 큰 곳이다.

사무실 옥상에서 상당공원 태극기와 일직선상으로 바라보면 듬직한 동림산이 보인다. 미세먼지나 황사가 있는 날은 어지없이 보이지 않는 산이다. 겨울, 봄 내내 동림산은 뿌연 미세먼지에 가려, 없어졌다 희미하다를 반복하더니 최근에야 선명하게 나타났다.

6월의 마지막 휴일을 맞아 멀리서 동경만 하던 동림산을 찾아 나섰다. 옥산면 장동저수지 상류를 산행 들머리로 삼았다. 입구는 시멘트로 포장된 임도(林道)이지만, 이정표를 따라가노라면 산양삼 재배지를 지나 가지능선으로 난 길로 오를 수 있다. 넓게 조성된 등산로가 제법 가파르긴 해도 그리 높지 않아 주 능선까지 금방 다다를 수 있다.

등산로 주변에 잔꽃이 지천으로 피는가 하면 생강나무 열매가 영글고, 산딸기가 조용히 익어간다. 쉬어가는 앉은 자리에서는 족두리풀조차 소곤거리는 소리가 들린다. 익어가는 여름을 향해 노래하는 풀벌레 소리는 유독 높게 들린다. 이 산을 찾는 사람이 그리 많지 않기 때문이리라. 그러므로 동림산에 가면 호젓한 산행 시간을 가질 수 있다.

동림산 주봉은 십자봉이다. 주 능선에 오르면 동림리에서 십자봉을 향해 올라오는 등산로와 교차된다. 십자봉을 몇백 미터 정도 앞둔 거리에 산성의 흔적이 나온다. 동림산성은 봉우리를 감싸는 형태인 퇴뫼식 산성이라고 하는데, 원래는 819여 미터에 달하는 큰 규모의 산성이었다고 한다. 하지만 지금까지 흔적으로 남아있는 것은 매우 작고 초라하다.

십자봉에 올라서면 옛 청원군 심중리에서 올라오는 길과 만난다. 지금의 심중리는 연기군에서 다시 세종시로 편입되었지만, 직장 생활 초기에 자주 출장을 다니던 곳임을 생각하면 한편으로는 아쉬운 곳이다.

십자봉은 숲이 우거져 조망이 생각만큼 넓지 않지만 나무 사이로 오송 평야를 내려다볼 수 있고, 심중리 쪽도 조치원 방향으로 원경을 볼 수 있다. 동림산에 연결된 또 다른 길은 망경봉을 경유해서 세종시 전동면에 있는 운주산성까지 갈 수 있는 긴 산길이다. 아직 많은 사람들이 다니지는 않지만 근교에서 간단히 다녀올 수 있기에 다음을 기약해 본다.

동림산에서 동림산 3락을 생각해 본다. 동림산은 충북을 가장 서쪽에서 지켜주는 충북의 진산이다. 산세가 높고 수려하다 할 수는 없지만, 우리들 곁에서 묵묵히 일상을 바라보며 지켜주는 어머니와 같은 포근함이 첫 번째 즐거움이요. 살수대첩 1,000주년을 맞아 오송과 옥산에 산재한 강감찬 장군의 기개와 얼, 그리고 산성에서 느낄 수 있는 역사와 호국 정신을 느낄 수 있음이 두 번째 즐거움이다. 마지막으로 동림산 정상에 서면 세종과 충남 · 충북을 아울러 동시에 품어볼 수 있으니, 이 또한 다른 산에 없는 세 번째 즐거움이다. 동림산은 비록 시내에서 조금 벗어나 있지만, 동림산 3락을 통해 더 많은 역사적 의미를 찾아 우리들이 지키고 사랑해야 할 산임을 기억하며 산행을 마친다.

3

사모곡

헛꽃

6월 여름 문학 세미나의 말미에 문우들과 함께 비슬산에 올랐다. 봄에 지천으로 피었던 야생화들은 사라지고, 지금은 녹음 짙은 푸른 나무들이 산과 숲을 가꾸는 시기이다. 꽃이 드문 시기에 수풀 속에 눈에 띄는 꽃이 있었으니 바로 산수국이었다. 군데군데 피어있는 꽃들을 문우들과 함께 감상하는 동안 산수국은 자연 우리들의 이야깃거리가 되었다.

6~7월 여름 숲에서 수수한 모습으로 피어나는 산수국. 습기가 많은 곳에 잘 자라는 습성을 지녔다. 색깔도 땅 성분에 따라 붉은색에서 푸른색까지 다양하게 나타난다. 산수국을 처음 만나면 참 특이하고 신비롭다는 생각이 먼저 든다. 하나의 꽃송이에 두 종류의 꽃이 피기 때문이다. 가장자리에 네다섯 개 정도 핀 흰색 큰 꽃은 눈에 잘 띄고, 가운데에는 좁쌀처럼 작은 꽃들이 오밀조밀 모여 핀다. 꽃 위에 피는 꽃이라고나 할까?

왜 두 가지 꽃을 피울까에 대한 의문의 답은 헛꽃과 진꽃이었다. 헛꽃은 꽃받침이 변형되어 크고 화려한 모습으로 꽃의 가장자리에 자리

잡는다. 이에 비해 꽃이라고 하기 초라할 정도로 작은 꽃들이 가운데에 모여 있는데 이것이 진짜 꽃(진꽃)이다. 헛꽃은 벌과 나비를 유혹하여 불러 모으는 역할을 하고, 진꽃은 헛꽃의 도움을 받아 수정하고 열매를 맺는 역할을 한다. 헛꽃은 진꽃을 위한 들러리라고나 할까?

진꽃이 수정되면 헛꽃은 미련 없이 땅을 향해 뒤집힌다. 헛꽃은 시들고 마를지언정 떨어지지는 않는다. 진꽃이 결실하여 땅에 떨어질 때까지 품에 안고 살펴보는 듯하다. 죽어서까지 자식의 안녕을 살피는 어머니 역할을 하는 듯하다.

산수국을 대할 때마다 헛꽃 같은 삶을 사신 어머니를 발견하게 된다. 어린 나이에 시집와서 잠깐 꽃을 피우고 이내 시들어 버린 어머니. 가족의 중심에 들지 못하고 늘 울타리에서만 살다 가신 어머니. 자식들 뒷바라지에 모든 것을 뒤에서 받쳐주시는 분이셨다. 자식이 성장해서 떠나갈 때도 혹시나 짐이 될까 염려해서 겉으로는 괜찮다 하시며 고개 돌리셨다. 그러고도 맘이 편치 못하여 걱정으로 살다 가신 어머니. 어머니가 바로 헛꽃 같은 삶을 사셨다.

90의 연세까지 노부부로 함께 살아계신 부모님을 찾아뵈러 고향에 다녀온 직장 동료와 얘기를 나누었다. 천수를 누리며 사시는 부모님을 모시는 직원이 참 부럽다. 직원은 많이 연로하신 부모님의 앞날을 걱정하였다. 미래를 미루어 짐작하건대 살아서 마지막 종착지는 노인요양원이 아니겠나 라는 이야기도 자연 나왔다.

곳곳에 생겨나는 효자원, 효병원, 효사랑병원 등등. 넘쳐나는 '효'라는 글자를 볼 때마다 나는 이중적 해석을 한다. 효는 효도일까 불효의 줄임말일까? 요양원이라는 곳이 육체적으로 보살핌을 받을 수 있고, 이야기를 나눌 친구가 있고, 의료 혜택까지 가까이 있으니 나쁘지는 않겠지만 정작 마음은 얼마나 가난하고 쓸쓸할까 싶어서이다. 늙고 기력 없어 노병이 들면 당연히 요양원으로 가야 한다는 생각으로 세상은 점점 물들어 간다. 그러기에 요양원은 현대판 고려장이라고 단언하는 것에 이견을 달지 않는다.

자식들과 떨어져 낯선 곳에서 홀로 보내는 노년은 얼마나 행복할까? 라고 반문해 본다. 저 성냥갑 같은 요양원에서 생의 마지막을 기대어 사시는 분들이야말로 우리 모두의 헛꽃이라는 생각에 젖는다. 가고 싶어서가 아니라, 자식을 위해서 가시는 곳. 우리의 미래와 우리 자식들 미래까지 그럴 것으로 예견되어 바라보는 마음이 불편한 곳이다.

자연에서 살아남기 위한 산수국의 기발한 진화 과정을 알고 보면 참 신비로운 현상이다. 그중에 같은 계통인 나무수국, 백당화와 불두화도 그런 경우라고 한다.

수국과 불두화는 산수국과 백당화에서 유래된 계통 식물들이다. 진꽃보다 화려한 헛꽃을 위해 헛꽃을 개량해서 만들어진 꽃들이다. 헛꽃의 화려한 변신! 돌아가신 어머니는 이제 헛꽃에서 벗어나 수국처럼 곱게 계실까? 사람 사는 세상에서 희생만 하시다 가신 하늘에서는 아름다운 꽃으로 피어나셨을까? 헛꽃으로 살아오신 수많은 어르신들도 불두화처럼 한 번 더 아름답게 피어나실까? 대답 없을 몇 가지 물음표를 던지고 하늘을 쳐다보니 무심한 구름이 유유히 여름 바다를 건넌다.

벙글벙글식당

목젖이 성대를 누르고, 입은 입대로 굳어져 말이 나오지 않았다. 이를 꽉 깨문 채 "아부지요, 이제 그만 집에 가입시더."라며 가까스로 말을 꺼냈다. 아버님도 체념하셨는지 대답 대신 회한의 한줄기 눈물로 받아들이셨다. 아버님 몸은 백지장처럼 점점 창백해지며 체온이 뚝뚝 떨어지고, 가족들은 창밖으로 드리워지는 어둠처럼 절망의 나락으로 하염없이 빠져들었다.

6년이 넘도록 아버님 육신을 괴롭히던 간암에 대한 마지막 수술 결과를 두고, 너무 많이 상해서 더 이상 어찌할 방법이 없다고 담당 의사는 말하였다. 이제 마지막으로 갈 곳은 아버님의 어릴 적 추억을 품고 있는, 한평생 애환을 무던히도 달래 주던 고향이라고 생각했다. 아버님도 다 아시는 듯 그간의 끈을 놓고 집으로 가시겠다며 고개를 끄덕이셨다.

아버님을 태운 구급차는 국도 5호선 밤길을 헤치며 고향을 향했다. 병원을 나서자마자 시작된 통증은 고향 집에 다다를 때까지 내내 괴롭혔다. 모르핀도 소용없던 고통이지만 고향에 도착하니 모든 짐을 내려놓으신 듯 편안해지셨다. 그리고 평생을 살아오시던 정든 집에서 가족들과 함께 조금이라도 더 머무르실 것을 간절히 바랐지만, 끝내 아버님은 초겨울 찬바람을 타고 그렇게 가시고 말았다.

낙엽이 지고 찬 바람 부는 계절이 되면, 스산했던 그해 겨울 풍경과 함께 벙글벙글식당이 기억 저편에서 떠오른다. 아버님은 젊은 시절, 한 대학병원 앞에 있던 벙글벙글식당의 육개장이 그리 맛있어 출장 오는 날이면 꼭 들렀다고 하셨다.

한때 아버님 병환 중 설상가상으로 어머님까지 뇌출혈로 쓰러져 입원하시던 날, 상심이 크셨던 아버님을 위해 바로 그 식당을 찾아 나선 적이 있었다. 그러나 그 자리에 있던 식당들은 모두 약국으로 바뀌고 없어졌다. 그 맛을 꼭 한번 보고 싶어 하셨는데, 많이 섭섭하다며 쓸쓸히 발길을 돌리시던 모습을 잊을 수 없다.

지금껏 먹는 것에 대해 별 의미를 두지 않았으나 요즘은 인생을 즐기는 중요한 것들 중 한 가지가 먹는 즐거움이라는 생각이 든다. 맛을 통하여 살아 있음을 확인하고, 포만감을 통하여 잠시나마 근심을 덜어내고, 향수를 추억하며 인생을 되돌아볼 수 있는 식도락이란 바로 이런 것이 아닐까 한다. 세상을 훨씬 오래 사신 어르신들이 맛을 통하여 느끼는 인생의 희로애락은 감히 알지 못하리란 생각을 해본다.

아버님 살아생전에 벙글벙글식당을 좀 더 찾아보지 않았는지 이제 와서 후회로 남는다. 그 식당이 사라진 줄 알았는데, 뜻밖에도 이웃 블로그를 통해 근황을 알게 되었다. 예전에 있던 장소에서 동성로 부근으로 이전했으며, 그 집 육개장 맛은 여전히 일품이라고 소개하고 있었다.

"뚝배기 한가득 붉은 양념 빛깔이 찰랑거립니다. 4천 원짜리 이 음식 하나로 40여 년을 이어왔음에, 생각건대 그저 목메어 오는 집! 〈따로〉는 선지가 들어가고, 〈육개장〉은 양지가 들어가지요. 구수하고 얼큰한 조금은 달짝지근하기도 한 이 맛, 입에 감치는 그 맛 생각나 가끔 가 보았습니다. 넘치도록 담아낸 육개장에 밥 한 그릇, 실파 무침에 마늘 다짐. 먹음직한 깍두기 하나가 반찬의 전부입니다."

—네이버 블로그 '窮卽通' 중에서.

블로그 이웃을 통해 생전에 아버님이 즐기시던 육개장 맛이 그대로 전해 왔다. 비록 이웃을 통해 알게 되었지만 아버님이 그리던 그 맛을 지금이라도 찾으러 가겠다는 생각은 가득한데, 실행에 옮기지 못한 채 1년 넘는 시간이 또 훌쩍 지나갔다. 삶이 바쁘다는 핑계로 딱히 내려갈 일도 없었거니와 어쩌다 한 번씩 가더라도 다시 돌아오기를 서둘러 찾지 못했다. 그래서 마음으로 상상하는 벙글벙글식당 육개장은 아버님의 추억에서 나에게로 대물림되었다.

올해도 어김없이 해가 짧아지고 어둠이 내리는 겨울 길목에 아버님 기일이 다가온다. 해를 넘기기 전에 그곳을 꼭 찾아가 보고 싶다. 사진으로나마 벙글벙글식당 간판을 보니 아버님 살아생전에 4천 원 하는 육개장 한 그릇 대접하지 못했다는 후회가 가시처럼 걸린다. 당신이 계시지 않는 그곳에 살아있다는 이유로 혼자 맛보겠다며 찾아가려니 이 또한 돌이키지 못할 죄스러움으로 밀려온다. 아마 벙글벙글식당에 들러 육개장을 마주하면 숟가락을 들기도 전에 먼저 목젖이 떨릴 것 같다.

막걸리가 열리는 사과나무

조물주는 하늘과 땅을 만들고, 그다음 아름다운 산천초목을 만들었으나 보기에 밋밋하고 움직임이 없어 허전하였다. 그래서 신은 고민하다 스스로 움직일 수 있는 온갖 생물을 만들어 풀어 보았다. 그랬지만 동물들은 생각 없이 움직이기만 할 뿐 허전하여 마지막으로 만물의 영장인 인간을 만들어 보았다.

그런데 인간들은 모두 다 제정신으로 이성적으로만 살아가니 그 모습도 무미건조하게 보였다. 또 시간이 지날수록 사람들은 욕심이 생겼고, 서로가 서로를 오해하고, 미움과 질투가 생겨 이전투구 하고, 사람들끼리 용서하지 않았다. 조물주는 생각 끝에 술을 만들어 주었다. 그제야 사람들은 함께 술을 마시며 서로 간에 생긴 앙금들을 화해하고 용서하며 다시 마음을 합치기 시작했다.

사람들은 술을 즐겨 하여 남용하기 시작했다. 술로 인해 함부로 행동하고, 싸우기도 하고, 돌이킬 수 없는 실수들로 죄를 저질렀다. 신은 가장 잘 만든 음식이 술이라고 자부심을 가지고 있었는데, 술 때문에 사람들 스스로를 망치는 모습을 보며 탄식을 금치 못했다는 이야기가 있다.

술 중에 막걸리와의 인연은 어린 시절부터 시작되었다. 모내기 철이면 술심부름은 내 몫이었다. 장터에 있는 술도가에서 주전자에 막걸리를 가져다주는 일이었다. 어린 몸에 힘이 빠질 정도로 꽤 먼 거리였다. 술이 무엇이기에 어른들은 이렇게 술을 좋아하는 것일까? 그것이 궁금하여 주전자 코에 입을 대고 막걸리를 마셔보았다.

어린아이 입맛에도 막걸리는 물만큼 시원하고 맛도 그 정도면 괜찮았다. 그만큼 무게도 줄어들었으니 주전자를 들고 가는 발걸음도 가벼워져 자주 꾀를 부렸다. 어른들 모르게 막걸리 세계로 입문하고 말았다.

정년퇴임 후 사과 농사를 지으시던 아버지는 한여름 동안 사과나무 아래에서 가뭄과 잡초, 병충해와 싸우셨다. 몸이 힘들고 지칠 즈음이면 사과나무 그늘 아래에서 으레 막걸리를 드셨다. 오전에 한 병, 오후에 한 병, 새참 시간에 맞추어 드시곤 했다.

막걸리는 술이 아니라 밥의 한 종류였다. 일하다 지치고 힘들 때 큰 대접으로 한 잔 마시면 갈증이 해소되고, 배도 불렀다. 아버지와 함께 사과나무 그늘 아래에서 막걸리 한잔으로 휴식하며 하늘을 보곤 했다. 막걸리 기운 탓인지 하늘을 보면 구름을 타고 앞산에서 뒷산 너머로 둥둥 떠다녔다. 마음도 부르고 여유도 생겨 힘도 절로 생겼다.

옆에 있는 사과나무도 이따금 막걸리를 한 잔씩 얻어 마셨다. 아버지는 혼자 먹는 것이 미안하셨던지, 너도 이 가뭄에 고생이 많다며 한

잔씩 부어 주셨다. 갈증을 느끼지 말고 기운을 내서 사과를 주렁주렁 달아 달라고 당부하셨다.

2대째 사과 농사는 형님이 이어받아 하신다. 아버지가 심으셨던 늙은 나무는 베어 나가고 묘목을 심어 이제 갓 수형(樹型)을 잡으며 자란다. 어린 사과나무는 날씬한 자세로 하늘을 향해 가지를 키워간다. 그렇지만 갓 태어난 송아지처럼 나뭇가지는 천방지축으로 뻗어 나가며 자라고 있다.

그런데 저 멀리서 보니 나뭇가지에 뭔가 드문드문 달려 있었다. 가까이 가서 보니 막걸리병을 달고 있지 않은가. 머리에 피도 마르지 않은 어린 녀석이 벌써부터 막걸리병을 주렁주렁 달고 있다니. 막걸리 심부름하며 한 모금씩 몰래 먹던 어릴 적 모습을 보는 것 같아 웃음이 났다.

아니면 사과나무도 제 주인을 닮아서인지, 대를 이어 막걸리를 사랑하는 아버님과 형님을 닮아 사과 대신 막걸리를 달고 익어가는 건지. 묘목이 자세를 잡느라 얼마나 힘들었으면 막걸리 한잔하면서 버티고 있는 건지. 자기를 키워주는 형님을 위해 막걸리를 대접하려는 기특한 마음인지. 가지가지 경우의 생각들이 겹쳐 혼자 폭소를 터트렸다.

신이 만들어 준 최고의 음식, 술! 어쩌면 신은 막걸리가 열린 사과나무를 바라보며 흐뭇하게 미소를 짓고 있지 않을까. 오늘 막걸리를 걸치고 있는 사과나무를 보자니 흐뭇하다. 잘못 먹으면 독이 되는 술!

앞으로 술 마시고 실수하지 말라. 술기운을 이용해 나쁜 짓 하지 말라. 술을 욕되게 하지 말라고 훈계하는 듯하다. 막걸리가 열린 사과나무를 보며 술에 대한 생각을 정리해 본다. 참 좋은 음식은 참 좋게 즐겨야 한다는 것이었다.

배고프제, 밥 줄까?

재래시장에서 산닭을 잡아 파는 사람들을 만났다. 일부러 물어보지도 않았는데 그들은 하나같이 아직 산닭을 사러 오는 어르신이 많고 제상에 올릴 닭을 사가는 사람들이 많이 찾는다고 했다. 비닐봉지 안에 방금 잡은 닭 몸통에 닭발과 대가리까지 담겼다. 닭발과 대가리를 보자니 시골에 살았던 어린 시절 추억 한 장면이 어른거린다.

일 년에 두어 번, 어쩌다 닭 잡는 날이면 식구들이 포식하는 날이었다. 닭을 잡는 현장은 아수라장이었지만 털을 벗기고 가마솥에서 끓여내면 맛있고 통통한 백숙이 되어서 나왔다. 잘 고아진 백숙 몸통은 가족들 차지였지만 닭발과 대가리는 어머니 몫이었다. 식구들이 밥을 다 먹고 난 다음에야 맛있다며 알뜰하게 살을 발라 드시던 음식이었다.

어머니 생애에 잘 먹는다는 것은 삶에 있어서 가장 소중한 가치 중 하나였다. 먹을 것이 귀하던 가난한 시절에 전쟁까지 겪으시며, 당신은 비록 헐벗더라도 자식만큼은 배불리 먹여야 한다는 것이 평생 신념이셨다. 형님께서 군에 가셨을 때는 따뜻한 밥 먹기를 외면하셨다.

군 복무 중인 형님께서 따뜻한 밥은 잘 얻어먹는지, 굶지는 않는지 걱정된다며 아들의 고생을 몸으로 기억하고자 하셨기 때문이었다.

하지만 어머니의 걱정과 달리 우리는 원래 마른 체형이었다. 그러나 당신이 제대로 거두지 못한 탓이라 여기며 죄책감으로 사셨다. 어머니 생은 자식들이 못 먹고 배고프게 다녔을까 하여 늘 걱정을 달고 다니셨다. 놀다 와도, 학교에 갔다 와도 "배고프제? 밥 줄까?"하고 물어보셨다. 밥도 먹었고 배도 부르다 하면 "고구마 줄까?", "식혜 줄까?" 하며 먹을 만한 것을 일단 들이밀고 보셨다.

먹는 것이 식상해서 이도 저도 다 싫다고 하면 "먹다 남은 막걸리 줄까?", "아버지가 피우시던 담배 있는데 한 대 줄까?" 하시며 술에다 담배까지 권하기도 하셨다. 시도 때도 없이 먹으라는 성화에 짜증도 부렸지만 어머니의 습관화된 자식 먹이기 사랑은 평생을 두고 후퇴하는 법이 절대 없었다.

숟가락에 밥을 가득 떠서 꾸역꾸역 먹는 것을 보는 것이 그렇게 좋다며 행복해하셨다. 그것도 모자라 틈만 나면 뒷집에 사는 네 친구가 밥 한 그릇 뚝딱 먹어치우는 모습이 보기 좋더라 하시고, 배가 불룩하게 나온 뒷동네 L 면장님의 풍채가 부럽다 하셨다. 너도 얼른 많이 먹고 얼굴 부옇게 해서 다니는 것을 보는 것이 소원이라고 하셨다.

하지만 쌀밥과 고기가 넘치는 세상이 되어도 정작 어머니가 드시는 음식은 변하지 않아 여전히 허드레 음식만 드셨다. 그러다 노년에 병환까지 겹쳐 따뜻한 밥 한 끼 제대로 못 드신 채 앙상한 모습으로 임종

하시고 말았다.

온갖 산해진미가 넘치는 세상을 살고 있다. TV를 켜면 채널마다 맛좋은 집이라 방송하고, 사람들은 맛있는 음식에 열광을 한다. 리모컨 하나로, 전화 한 통으로 버튼만 누르면 먹을 것을 배달해 주니 멀리 있는 바다와 들판도 문전옥답이 된 세상이다.

어머니가 가신 후 기름진 음식이 넘치는 세상을 살며 그렇게 소원하시던 만큼 배부르게 산다. 살아 있는 아들은 배가 남산만큼 커지고 얼굴도 부옇게 해서 다니는데, 오늘같이 매섭게 춥던 날 앙상한 모습으로 돌아가신 어머니의 모습이 자꾸 따라다닌다. 추운 겨울날, 오늘도 차고 넘치도록 사치스러운 밥상을 마주하니 "배고프제? 밥 줄까?"라고 하시던 어머니의 말씀이 자꾸 생각난다.

산삼과 인삼

아내와 부부가 되고, 더불어 장인과 사위라는 인연을 맺은 지 겨우 3, 4년밖에 되지 않은 해에 장인어른이 몹쓸 병을 얻어 이별하고 말았다. 예기치 못한 이별 앞에 정을 나눌 시간도 없이 인연의 끈을 놓아버린 그때를 생각하면서 장인어른은 사모와 그리움의 대상이 되었다. 살아 계실 동안 병마에 시달리던 고통스러운 모습을 유산으로 남긴 채 먼 길을 가버리신 지금, 많은 시간이 흘렀음에도 어른을 향한 그리움은 점점 깊어 간다.

그리울 때 우리 가족은 산소를 찾는다. 하지만 일 년에 겨우 두어 번 정도밖에 가지 못하여 마음을 위로받기에 모자라고 허전하였다. 이따금 한 번씩 가는 성묫길에는 다른 즐거움도 있었다. 하나는 산소 주변에 흩어져 있는 알밤을 줍는 것이고, 또 하나는 고사리 우거진 풀숲 속에 자라는 산삼을 구경하는 것이다.

산삼이란 장인어른이 돌아가신 뒤 장모님께서 산소를 오르내리시던 중, 한 10년 정도는 묵혀서 캘 요량으로 산소 발치 아래 심어둔 인삼이었다. 그동안 장모님의 손길 아래 자식 키우듯 애지중지 관리하다가, 얼마 전에 그런 것이 있다고 얘기해 주셔서 알게 된 것이었다.

'산삼이란 것이 별건가? 산에서 자라는 삼이면 산삼이지.' 우리는 이렇게 생각하며, 근본은 인삼이었지만 산삼이라고 불렀다. 산소를 찾을 때마다, 척박한 곳에서도 잘 자라는 것이 신기하기도 하거니와 '혹시 우리에게도 한 뿌리 돌아올까?' 하는 작은 욕심도 즐거움이 되어 주었다. 그래서 심심 구곡 원시림 품에서 자라는 산삼을 대하듯, 보물을 대하듯 보살폈다.

올해도 추석을 맞아 장인어른 산소를 찾았다. 늘 그래 왔듯이 성묘를 마치고 산삼을 찾았다. 그런데 산삼은 없고 맨땅만 덩그러니 남아 있었다. 흔적으로 보아 누군가 캐간 것이 틀림없는 듯했다.

장모님께서 다른데 옮겨 심은 것일까? 인삼이든 산삼이든 옮겨 심는 것은 아니라고 들었고, 옮겨 심어야 할 이유가 없었기에 자세한 사정이 궁금해졌다. 없어진 산삼으로 인해 돌아가신 아버님을 찾아오는 길에 만나는 즐거움 하나가 없어졌다.

동화책에 나오는 산삼처럼 매번 그것을 보며 좋아했던 만큼 아이들도 실망한 눈치다. 몇 년만 더 참았다면 저놈 약효를 보았을 텐데…. 라는 기대감도 날아갔다. 돈으로는 따지지 못할 장모님의 정성이 사라져 실망이 클 것도 걱정이었다.

집에 와서 장모님께 전후 사정을 알아보니, "글쎄다, 나도 모르겠다. 얼마 전에 뒷동네에서 누가 산삼 캤다고 그러더라만 그게 아니려나 모르겠네?"하고 웃으셨다. 우리가 심은 것이라 얘기하고 가져올까 생각해 보았는데 그 마음 접기로 하셨단다. 일생에 한 번 만나기 힘든 산삼으로 알고 있을 그 사람 마음이 상할까 염려하는 마음이셨다.

장모님이 넓은 마음으로 배려해주신 그 사람, 산삼을 먹을까? 팔까? 고민하다 며칠 전에 약재상에 팔았다는 후문을 들었다. 우리 가족에겐 산삼이었지만 다른 사람에게는 그 의미가 다르기에 우리의 산삼이 제 효능을 잘해줄지 걱정되었다. 어떡하겠는가. 이왕 이렇게 되었으니 산삼을 꼭 필요로 하는 환자에게 산삼의 효과를 발휘해 주길 바랄 뿐이었다.

'플라세보효과(placebo effect)'라는 단어가 문득 떠올랐다. '만족시키는', '즐겁게 한다.'라는 뜻으로 라틴어에서 유래된 약리학 용어이다. 독도 약도 아닌, 약리학적으로 아무런 가치가 없는 물질이라도 때로는 약성을 발휘하는, 일종의 심리적 치료 효과를 말한다. 회복에 대한 강한 믿음이 있는 환자에게 치료와 관계없는 약을 투약하고 믿음을 주면 치유 효과가 나타난다는 것이다. 치료에 대한 긍정적인 믿음은 아픈 몸을 회복하는 데 도움이 되지만, 믿음이 없으면 어떤 치료제도 효과가 없다는 뜻과도 같다.

플라세보효과가 꼭 질병에만 해당하는 것이 아닐 것 같다. 세상을 바라봄에 있어 사람과 사람, 사람과 사물을 대함에 있어 상대를 어떻게 신뢰하고 받아들이느냐에 따라 관계가 따뜻하게 변하는 것이 또 다른 시각의 플라세보효과라는 생각을 해본다.

산삼에 대한 기대와 희망이 가족에게서 멀어졌지만, 우리는 세상을 향한 플라세보를 선사했다. 산삼 한 뿌리가 가족에게 주는 만족도 좋지만, 다른 사람에게 베풀 수 있는 넉넉함도 좋은 일로 받아들였다. 산소 아래 산삼이 자라던 빈터에 생전 장인어른의 가르침과 장모님의 잔잔한 사랑이 오래오래 머물기를 바라본다.

명자꽃에서 찾아낸 소망

화장실 변기에 새빨갛게 물든 휴지 조각이 눈에 들어온다. 장소가 화장실임에도 붉은빛이 무척 깨끗하고 선명하였다. 마치 맑은 물속에서 노니는 붉은 비단잉어의 유영을 보는 듯 아름답다. 뜻밖의 장소에서 발견된 작은 풍경은 사랑하는 큰아이 몸에서 묻어 나온 흔적으로 보인다. 그런 생각으로 가만히 바라보니 벌써 숙녀가 된 아이의 청순한 순결로 잔잔하게 다가오는 것 같아 한참을 보았다.

제 주변 정리를 잘하지 못하여 머물던 자리가 늘 어지럽다고 타박을 받으며 자란 아이였다. 평소였다면 열여덟 나이 숙녀로서 잘 감추어야 했을 흔적을 함부로 남긴다는 이유로 혼나도 마땅할 일이었다. 오늘은 무슨 마음의 변화인지 아이를 꾸지람하는 대신 벌써 이만큼 숙녀로 훌쩍 자랐음에 오히려 놀랍다는 생각이 들었다.

몇 년 전 중학교에 입학한 지 얼마 되지 않았을 때 아이가 여자로서 첫 경험을 했다는 소식을 아내에게 들었다. 그때, 빨간 장미 한 송이 선사는 아빠 몫이라 해서 그렇게 선물을 한 지가 엊그제만 같다. 그 이후로 지나온 몇 년간을 생각해 보니 그간 윽박지르기만 하며 키웠지 자상한 관심은 제대로 주지 못했던 날들이었다.

문득 이처럼 선명하게 붉은 아름다움을 언젠가 본 적이 있었는데…. 언제, 어디서 보았는지 생각이 날 듯 말 듯 한 기억이 영 생각이 나지 않았다. 어릴 적 내 몸에 난 상처에서 흘러내린 선혈을 보고 놀랐던 기억일까? 아니면 겨울 동백 숲에 떨어진 붉은 동백꽃 장관이었을까? 갓 겨울을 넘겨 피운 심비디움꽃과 닮았지만 아무래도 여기에 미칠 수 없었다. 붉음, 이 붉음을 대체 어디서 보았단 말인가! 꼭 풀어야 할 숙제도 아니건만 공연히 고민하는 마음만 커졌다.

꽃샘추위가 다시없을 완연한 봄이 왔다고 사람들은 생각했다. 그랬는데, 요 며칠간 꽃샘추위가 또 찾아와 찬 기운이 몸 구석구석을 콕콕 찔러댔다. 급기야 며칠 전 밤엔 때아닌 함박눈까지 내리더니 아침마다 영하의 기온으로 떨어졌다. 정원에 가장 먼저 탐스러운 꽃을 피워 올린 목련은 추위를 견디지 못하고 그예 동상을 입고 말았다.

제아무리 봄을 시샘하는 추위인들 오는 봄을 막을 수 있겠는가? 진달래며 산수유, 미선나무들은 이에 아랑곳없이 꽃을 활짝 피워 냈다. 남녘에는 벌써 벚꽃축제가 열린다고 하니 봄꽃들의 향연이 지천으로 벌어질 날이 머지않은 것 같다.

비록 작은 정원이지만 점심시간을 이용해서 봄 정취를 느낄 겸 꽃나무 사이로 산책을 나섰다. 한낮에 따사로운 봄기운과 배부른 포만감은 걸음을 한층 여유롭게 만들었다. 그렇게 걷는 중에 문득 허리춤 옆으로 지나가는 것에서 낯설지 않은 무엇이 본능적으로 느껴졌다.

뒤돌아보니 한 모둠 나뭇가지에 탱글탱글 맺힌 꽃망울을 달고 있는 명자꽃이었다. 나뭇가지마다 조막손 같은 꽃망울들이 초록 지붕처럼 옹기종기 모여 있고, 지붕마다 붉게 물든 꽃잎으로 장식된 동화 속 작은 마을 같았다. 무심코 만난 명자꽃에서 붉음에 대한 궁금증이 해소되었다. 분명 봄 햇살에 반사되어 붉게 태우던 명자꽃과 같았던 것이다.

그 꽃의 자태를 보며 황홀감에 빠지던 첫 만남을 생각해 본다. 처음 대면한 순간에 반해 버린 여인처럼 그 꽃에 대한 궁금증이 발동하여 수소문 끝에 알아내었다. 그 후로 4월이면 명자꽃의 화려한 변신을 기다리곤 했다.

명자꽃 빛깔은 빨갛다기보다는 붉음이다. 붉음이 너무 선명하여 물이 뚝뚝 떨어질 것도 같고, 투명한 듯 은은함으로 보는 이의 마음을 금방 빼앗아 간다. 영산홍 빛깔과 비슷하겠으나 꽃잎은 뾰족한 데 비해 명자꽃 꽃잎은 동글동글하여 한층 여성스럽다. 그뿐만 아니라 활짝 피었다 질 때까지 고운 빛깔을 그대로 간직하다 떨어진다.

예로부터 명자꽃은 빛깔이 너무 화려하고 고와서 안채에는 들이지 않는다고 들었다. 규중에서만 생활하던 아낙네들이 황홀함에 반해 춘정을 이기지 못할까 하는 염려 때문이라고 했다. 그렇다면 이 꽃에는 사랑의 불씨를 지피게 만드는 교태로운 묘약이라도 있는 것일까? 그러나 내가 본 바로는 요염하기보다는 깨끗함과 순결을 지키는 양반댁 아씨처럼 보인다.

아직 꽃으로 피워내지 못한 꽃망울을 보며 딸아이의 현재를 본다. 추위를 피해 몸을 움츠린 모습이 아이와 참 많이 닮았다는 생각을 해 본다. 지금 고3이라는 현실이 어쩌면 지금 불어 닥친 꽃샘추위일지도 모르겠다. 뒤늦은 꽃샘추위를 견디고 피워내는 명자꽃이 다른 꽃보다 더 화려하지 않겠는가. 아이가 지금은 비록 어렵고 힘든 시기를 보내고 있지만 명자꽃 꽃망울처럼 잘 인내해 주길 기도한다.

그리고 마침내 꽃으로 활짝 피어서 때 묻지 않은 순수함으로 이 세상을 살아가길 소망한다. 아이 몸에서 나온 그 빛깔로 시작된 며칠간의 고민 끝에 찾아낸 명자꽃, 그 붉음을 오늘도 기다린다. 그 꽃이 활짝 피어나면 가장 먼저 사랑스러운 아이와 함께 보고 싶다. 그리고 '넌 명자꽃을 닮았다.'라고 얘기해 주련다. 처음 장미꽃을 건넬 땐 '청소년은 주변인!'이라고 외쳤는데, 이번에는 대답을 듣기도 전에 슬며시 미소가 얼굴로 번진다.

수정사 가는 길

부지깽이도 농사를 짓는다는 바쁜 농사철, 어머니는 그리 넉넉하지 못한 살림살이와 농사일로 손에 흙과 물이 떠날 날 없이 사셨다. 그래서 내 유년은 어머니의 품속에 따뜻이 안겨 자란 것 같지는 않다.

나이 사십을 넘겨 나를 낳으셨으니, 초등학교 다닐 때 어머니는 이미 50을 넘기신 연세였다. 손수건을 가슴에 달고 입학하는 날, 세상에는 젊은 어머니와 나이 많은 어머니가 있음을 알았다. 주로 장터 교회에 다니는 어머니들은 젊었고, 저 멀리 산중에 있는 절에 다니시는 어머니들은 나이가 많으신 분들이라는 것도 알았다.

어릴 적에는 어머니께서 나이도 많고, 절에 다니신다는 것이 친구들에게 부끄러웠다. 어머니가 좀 더 젊고 예쁘면 얼마나 좋을까! 절에 다니는 것보다 교회에 다니시면 얼마나 좋을까? 라는 것이 작은 소망이기도 했다.

철없는 막내둥이 생각이 그랬음에도 어머니는 아랑곳없이 초파일과 연말이 되면 어김없이 30리 길 수정사(水淨寺)에 다니셨다. 금성산과 비봉산에 둘러싸인 골짜기 어디에 있는 절이라고 들었다.

수정사에 가는 날이 되면 며칠을 벼르며 몸단장을 하셨다. 닭도 강아지도 함께 타고, 마늘과 고추 냄새가 풀풀 나는 완행버스에 몸을 싣고 절 입구가 있는 산운에서 내리신다. 그러고도 다시 15리 산길을 걸어가는 산 중턱에 있었다고 했다.

모처럼 한 번씩 갔다 올 때면 다리가 아프다며 고생담을 풀었지만 난 귓등으로 들어 넘겼다. 절에 시주도 하고 아버지와 형들 이름을 올렸다며 자랑삼아 이야기하셨지만 난 시큰둥하기만 했다. 절에서 기원하는 정성 이래야 헛된 미신이고, 더구나 15리나 되는 산길을 왜 생고생하며 다녀오는지 야속하기까지 했다.

그로부터 30년도 훨씬 지난 작년에 추석 차례를 지내기 위해 고향으로 가다가 그 절 입구에서 내렸다. 새로 유명세를 얻은 금성산과 비봉산 등산로를 걷고 싶기도 했지만 그것보다 어머니가 그렇게 다니시던 수정사를 보고 싶어서였다. 그곳에 가면 내가 기억할 수 있는 젊은 시절의 어머니를 볼 수 있을까? 그때 엄마는 어떤 길을 어떻게, 어떤 생각을 하면서 걸었을까? 순례길처럼 다녀오고 싶었다.

수정사 초입에 도착했다. 많이 변했을 성싶은 진입로가 우선 반긴다. 잘 정비된 주차장과 포장된 신작로는 예전에 한적했던 길과 사뭇 달랐으리. 편리해진 것으로 예전과 훨씬 달라졌음은 오히려 아쉬움이었다.

산길로 접어드니 왼쪽에 작은 저수지 물결이 잔잔하여 한적하다. 저수지의 좌우에 도열한 소나무와 바위들, 산비탈에 단풍 든 붉나무를 곱게 담았다. 물빛은 예나 지금이나 계절마다 색깔을 달리하는 산자락과 풀꽃들을 아울러 담고 있겠지.

살아 계실 때 관절염이며 좌골 신경통이라는 고질병을 달고 사셨는데, 오르막 이쯤에서 잡고 올라가셨을 바위를 어루만져 본다. 돌부리 하나에도 당신 손길과 발길이 묻어 있을까 싶어 신경을 세워 보았다.

얼마를 오르니 약수터가 있는 노적봉 기슭에 가지런한 사찰 풍경이 눈에 들어왔다. 이쯤이면 다 왔구나 하여 거친 숨을 고르셨으리라. 그리고 샘터 바위에 앉아 한 모금 약수로 갈증을 달랬겠지 하는 마음에 한 쪽박 물을 떴다. 물이 참 맑고 시원해서 맛있다. 금성산과 비봉산 정기를 수정사에 모아 걸러서, 다시 세속으로 흘려보내는 정화수인가 싶었다. 한숨을 돌리는 동안 어머니 생각에 계곡 물소리도, 산새 소리도 흐릿해진다. 오르는 길 내내 보고 만진 것들이 당신 손길인 듯, 눈길인 듯 부드럽게 더듬어진다.

수정사의 역사는 생각보다 깊었다. 신라 신문왕 때 의상대사가 창건했다 하니 천년 도량 고찰이며, 한때 사명대사가 머물면서 왜군을 격퇴했다고 하니 나라를 구한 절이기도 했다. 절 중심에 있는 대광전(大光殿)은 너덜 바위 지대에 그대로 올렸기에 자연에 반하지 않은 채 품에 안겼다. 퇴색된 단청과 기왓장 사이로 자란 기와솔(와송), 대광전을 받치는 바위 이끼는 천년 세월의 고즈넉함을 그대로 간직하고 있었다.

격외선원(格外禪院) 기둥은 어른의 두 아름이나 되는 굵은 나무인데, 어디에서 이곳까지 옮겨왔을까? 나무의 위아래만 톱질해서 기둥으로 턱 하니 세웠다. 대들보도 가공하지 않은 채 구불구불한 모습 그대로 올렸지만 처마와 지붕만큼은 가지런하게 이었다.

산사 지붕에 산그늘이 어느새 내려앉고, 툇마루에 앉아 보니 양지바른 오후 햇살이 따사롭게 쏟아진다. 옛 모습을 그대로 간직한 부엌에는 초파일에 찾은 수많은 불자들을 잠재우고 공양했을 분주함이 되살아나는 듯하다.

이곳 어디에 어머니 손길과 발길이 있을 것이며, 손수 올렸을 가족들 이름이 이 절 어디에 있을지 궁금하다. 명절 밑이어서 그럴까. 산사는 누구에게 물어볼 이도 없을 만큼 고요하다. 처마 끝으로 지나가던 바람이 풍경을 흔들고 파란 하늘도 따라서 한들거린다.

끝도 보이지 않던 보리밭과 콩밭을 일구다가 초파일이 되면 그날만큼은 가족들 안녕과 자식의 앞날을 기원하고 싶으셨음이리라. 정갈하게 몸단장하시고 먼지 뽀얗게 날리는 비포장길을 따라온 완행버스에서 내려, 다시 15리 길을 더하여 걸어오셨던 길. 수정사 단청 처마와 산 그림자, 그 사이로 난 파란 하늘에 어머니 행적이 잠시 머물다 구름처럼 떠나간다.

겨울 산

산은 언제나 같은 모습으로 그 자리를 지킨다. 하지만 내면으로 들어가면 변화무쌍하여 예견치 않은 어려움을 겪기 일쑤다. 특히 겨울 산은 더 그렇다. 그래서 해가 갈수록 겨울 산을 오를 모험심이 떨어져 점점 가까이 가기가 조심스러워진다. 영하 15도를 오르내리는 추위가 연일 맹위를 떨친다. 그런가 하면 수십 센티 눈이 벌써 여러 차례 내려 산은 이제 완연한 겨울 모습을 갖추었다.

겨울 산에 들어가기가 살짝 두려움에도 불구하고 올겨울 첫 산행 일자를 잡았다. 준비물을 하나씩 챙기니 머리부터 발까지 두르고, 메고, 걸치고 할 것들이 한두 가지가 아니다. 모두가 즐기기 위한 장비라기보다는 살아남기 위한 것들이었다.

자명종이 고요한 새벽의 정적을 흔들어 깨웠다. 주황색 조명등으로 실내를 희미하게 밝혔다. 어느새 일어난 아내의 도움을 받아 어제 준비한 장비를 주섬주섬 배낭에 쓸어 담고 아이들이 깰까 조심조심 깨금발을 딛으며 집을 빠져나왔다. 몸이 저절로 부르르 떨리는 혹한의 새벽이다. 숨을 내쉴 때마다 허연 수증기로 변하여 공중으로 사라지고, 빠져나간 온기만큼 한기가 밀려왔다.

아직 별이 초롱초롱 빛나는 새벽인데도 목적지가 서로 다른 버스들이 일렬로 도열한 가운데, 겨울 산으로 향하는 사람들은 모닥불을 쬐며 묵묵히 출발 시각을 기다리고 있었다. 시간이 되자 사람들은 제각각 목적지로 향하는 버스에 삼삼오오 짝을 맞추어 올라탔다. 나도 그들 중 하나가 되어 버스에 몸을 실었다. 그리고 어둠이 채 가시지 않은 새벽 도시를 벗어나 겨울 산으로 향하는 고속도로를 질주하였다.

눈 내린 산을 오른다. 터벅터벅 앞사람 발자국을 좇기도 하고, 때로는 산짐승 발자국을 따라가기도 한다. 산행 초입부터 매서운 겨울바람이 나무들을 울리고, 귓불과 손끝에 아린 고통을 전해준다. 그러나 산을 오를수록 몸은 뜨거워지고 마음은 정화될 것이라는 최면을 걸며 한 걸음 한 걸음 갈 길을 보태어 나아갔다. 가빠지는 호흡 속에 묵은 기운은 토해내고 차갑고 신선한 공기를 채우니 몸이 새롭게 태어나는 듯하다.

잠시 쉬는 동안 숨을 고르며 겨울 숲속을 돌아본다. 겨울 산은 언제 보아도 냉정한 무게감이 있다. 하지만 그것은 겉모습일 뿐 무수한 생명을 품고 있었다. 칼날 같은 추위가 있기에 동면하는 씨앗들을 썩지 않게 지켜주고, 여간 피해를 주지 않는 병충해도 적절하게 걸러 준다. 덕분에 긴 겨울이 지나면 수많은 생명이 산에 기대어 움을 틔우고, 그들에게 삶의 터전까지 넉넉하게 내어준다.

다시 오르기 위해 쉬는 동안 식어버린 몸을 추스르고 다시 정렬했다. 오르고 쉬는 과정이 마치 몸을 뜨겁게 달구었다 냉탕으로 들어가는 담금질과 같다. 때로는 뜨거운 열정을, 때로는 냉정함을 그리고 두드리는 고통을 통해 더 강한 쇳덩어리로 태어나는 것이 담금질이다.

아버지는 여간해서 따뜻함을 드러내지 않는 분이셨다. 보이지 않는 곳에서는 따뜻한 마음으로, 보이는 곳에서는 냉정함을 유지하신 분이었다. 생각해보면 당신의 엄격함 뒤로 외로운 담금질을 얼마나 하셨을까 싶다. 그 때문에 굳이 매를 들고 다스리지 않아도, 그냥 그렇게 계시는 것만으로도 존재감이 있으셨던 분이었다.

그래서 겨울 산은 아버지처럼 보인다. 이제 산으로 가셨으니 산은 곧 아버지 세상이었다. 가까이 뵐 수 없는 생전의 아버지를 대신하여 겨울 산에 올라 당신 품에 온전히 안겨본다. 더 높이 오를수록 나무들은 겨울의 절정으로 치닫는다. 마침내 눈꽃으로 피워낸 겨울 설산의 아름다움이 펼쳐지면 사람들은 절로 탄성을 지른다. 기어이 산봉우리에 올라 하늘과 맞닿은 세계에 도착했다.

긴 호흡을 고르며 겹겹이 겹쳐진 능선과 발아래 골짜기를 번갈아 돌아본다. 산도 사람들이 사는 동네도 추위 속에 고즈넉한 풍경이다. 치열한 경쟁과 이권 따위는 보이지 않는 평온한 곳이다. 그곳에서 머물며 호흡을 고르고 고요 속에 평화가 찾아올 때 비로소 오늘 산행의 반을 접는다.

오르며 힘들었던 산행의 반환점에 선 것처럼 지나간 인생의 반을 되돌아본다. 내 성장기 동안 등 뒤에서 묵묵히 지켜 주시던 분, 속으로만 흘리시던 눈물을 보았다. 차갑기만 했던 아버지의 품을 생각해 보면 한없이 따뜻했던 곳이었다.

아버지가 없는 아버지의 세상에서 쓸데없는 욕심과 억지와 고집을 내려놓는다. 어느새 겨울 해 동선(動線)도 반을 넘어 서쪽 하늘로 옮겨 갔다. 붉은 기운이 다할 때까지 겨울 산에 남고 싶지만 아쉬움으로 접어야 할 시간이다. 그리고 은밀하게 약속을 걸어본다. 아무리 험하고 추운 겨울 산이라 할지라도 아버지가 그리우면 또 오겠노라고.

생강나무

긴 겨울을 나는데 벌써 지칠 때가 된 것일까? 까닭 없이 생강나무가 생각났다. 마침 사무실에 생강나무가 한 그루 있기에 가지를 살짝 꺾어 냄새를 맡아 본다. 코끝으로 전해지는 진한 생강 냄새가 온몸으로 전해져 봄 향기를 실어 나르는 듯하다.

이름에서 짐작되듯, 이 나무에서는 신기하게도 생강 냄새가 난다. 혹자들은 생강나무꽃을 두고 영춘화(迎春花)라고도 한다는데, 이른 봄 산에서 가장 서둘러 피워내는 꽃 중 하나인 까닭에 붙여진 이름이다.

생강나무와 처음 인연을 맺은 것은 수십 년 전으로 거슬러 올라간다. 어릴 적 지독할 정도로 발목을 삐어 여러 날을 고생하였다. 삔 데 좋다는 약을 갖가지로 다 사용해 보아도 차도가 없었다. 하루하루 불편함에 공연히 골을 부렸더니, 보다 못한 어머니께서 독특한 민간요법을 동원하기까지 이르렀다.

어느 날 아침 요강에 담긴 오리발같이 생긴 넓적한 나뭇잎을 건져 올리시더니 삔 발목에다 척 붙여 주셨다. 나뭇잎을 찧거나 삶은 물을 사용했더라면 특별한 기억으로 남지 않았겠으나, 예기치 않게 요강에서 건져 올린 나뭇잎을 보고 깜짝 놀랐다.

난 싫었지만 어머니의 완강한 뜻으로 며칠 동안 계속 그런 치료를 받아야 했다. 그 처방에 효험이 있었는지 아니면 때가 되어서 절로 나았는지는 모르겠지만 그 후 발목은 차츰 정상으로 회복되었다.

어릴 적 그런 인연으로 이 나뭇잎은 등산길에서 특별하게 눈에 띈다. 그럴 때마다 어머니의 처방이 생각나 남몰래 웃음 짓곤 했다. 그렇게 자주 스치면서도 이 나무와 통성명을 하고 지낼 생각은 하지 못했는데, 이 나무가 생강나무였다는 것을 알게 된 것이 불과 몇 해 전이다.

겨울 분위기를 벗어나지 못한 두어 해 전 이른 봄. 산행에서 만난 노란 꽃이 일행에게 화제가 되었다. 꽃 모양새로 보아 난 산수유라고 했더니, 누군가가 나뭇가지를 꺾어 주며 냄새를 맡아 보라고 했다. 냄새를 맡아보니 영락없이 생강 냄새가 났다. 그래서 이 나무를 생강나무라고 부른다고 했다.

특이하다는 생각에 생강나무를 유심히 살폈다. 이 나무도 목련이나 벚꽃처럼 잎이 나기 전에 꽃부터 피웠다. 어느 정도 성장한 나뭇잎을 보니 어릴 적 내 삔 발목을 치료하기 위해 쓰였던 문제의 그 나뭇잎이었다. 그간 이 나무를 꽃 따로 잎 따로 보았기에 같은 나무라곤 전혀 생각 못 했던 터다. 그제야 난 생강나무 전체를 알게 되었고, 이후 만날 때마다 특별한 인연을 생각하게 된다.

이 나뭇잎이 삔 데 정말 효험이 있긴 할까? 라는 의문이 문득 들었다. 곧바로 인터넷으로 약성을 찾아보니 과연 멍들고 삔 데 특별한 약효가 있다고 한다. 그러나 오줌에 절여서 붙이거나 바르는 것이 아니라 '잔가지나 뿌리를 진하게 달여서 마신다.'라고 했으니 어릴 적 내가 받았던 처방과는 애초에 적용법이 달랐다.

그러나저러나 방법이 좀 달랐으면 어떠리. 나뭇잎의 약성과 더불어 더러움도 마다하지 않던 어머니의 손길과 어우러져 결국 약성을 제대로 발휘하지 않았던가!

이른 봄이 되면 생강나무와 산수유 그리고 회양목꽃이 가장 먼저 생각난다. 크기가 좀 크고 작을 뿐 모양새와 색깔이 서로 닮은꼴이며, 일찌감치 꽃을 피워내는 습성도 비슷한 까닭이다. 그중 생강나무는 어릴 적 추억이 있어 좋아하게 되었다. 그뿐만 아니라 가장 먼저 꽃을 피우므로 봄과 겨울의 모습을 동시에 가지고 있는 듯해서 더 좋다.

산수유를 닮았지만 꽃자루가 짧아 앙증스럽고 산수유만큼 무리 짓지 않아 화려하지 않기에 수수하고 겸손한 모습이다. 그래서 숲속 잡목들 틈에서 잘난 척하지 않고 함께 어우러져 살아간다. 모양새는 비슷하나 크기가 작아 자세히 살펴야 하는 회양목보다는 보기가 편해서 좋다.

올봄에도 어김없이 생강나무에 꽃이 많이 피어난다. 가령산에 특별히 많았던 기억이 있어 올봄 산행은 그쪽으로 가보고 싶다. 생강나무를 만나면 미리 온 봄에 대해 생각하겠지만, 무엇보다 어머니도 함께 볼 수 있을 것 같아 기대된다.

꽃잎처럼 아름다운 비행을

스스로 자신을 평가하길 항상 보수적이지 않은 사람이라고 생각한다. 가능한 몸에 굳은 관습에 대해 변화를 시도해 보길 좋아하는 편이기 때문이다. 그러나 아이들 눈에는 고리타분하고 보수적인 기성세대로 보일 것이 틀림없으리라 생각한다. 우선 퉁명스러운 말 습관으로 다정다감함엔 인색하고, 거칠며 무뚝뚝함이 더하니 그럴 것이다. 아이들이 커 갈수록 내 못된 언어생활과 대인 생활이 아이들에게 그대로 전해지는 것 같아 기실 염려된다.

아장아장 걸어 다니던 때와 달리 훌쩍 자란 큰아이의 생활 태도가 영 마음에 들지 않아 다투기도 많이 했다. 한번은 제 아빠하고 그러고 또 그러고 나면 제 엄마하고 툭탁거리기 일쑤였다. 그럴 때마다 서로에게 삐쳐서 말을 하지 않았다. 내 좁은 소갈머리와 남다른 몽상에 사로잡힌 성격 탓에 고독한 나날을 보내는 일도 많았다.

학습 생활도 그렇고, 학교생활, 심지어 집안 정리 정돈에 이르기까지 부딪치지 않는 곳이 없었다. 고3이라 새벽잠을 깨워 학교에 가면 밤 12시가 넘는 시간에 들어오는 것이 늘 안쓰러웠다. 그 늦은 시간에

귀가해서 친구들과 인터넷 쪽지로, 문자로 새벽까지 수다 떠는 것이 못마땅했고, 머리, 손톱을 기르고 높은 구두에 짧은 반바지를 입는 것도 못마땅했다. 한마디로 제가 가진 모든 것을 포기하고 매달려도 모자라는 시간에 학업은 제대로 할까 걱정이었다.

고3이면 입시 준비에 제 나름대로 얼마나 힘들까 싶어 참아 보지만 못마땅한 마음은 어쩔 수 없었다. 어쩌다 나무라면 한 치도 물러섬 없이 대치하기에, 자주 참견하기보다는 지켜보기로 했다. 그렇게 1년을 보내고 수능을 치렀건만 잘 쳤는지 못 쳤는지 감감무소식. 시간이 꽤 지났건만 점수는 물어보지도 못했다. 궁금해서 물어볼까 하다가도 잔뜩 부푼 스트레스 보따리가 건드리기도 전에 터질 것 같아서였다.

어느 날 외출을 갔다 오더니 앞뒤 설명도 없이 재수하겠다고 했다. 제 엄마는 대학에 떨어졌구나 싶어 또 다툼을 벌였다. 평소 생활 태도로 보아 재수가 아니라 삼수, 사수를 해도 더 나아질 것이 없다는 것이 엄마의 논리였다. 모녀간 갈등에 나까지 끼어들면 더 큰 감정이 폭발할 것 같아 둘이 잘 수습하길 기다렸다. 하지만 수습은커녕 제 방으로 뛰쳐 들어간 딸은 문을 잠그고 밤새 펑펑 서럽게 울었다.

이만큼 클 때까지 아이의 장래를 위해 한 일이 과연 무엇이 있었을까 되돌아보았지만 아무것도 보이지 않았다. 집안일보다는 직장 일에 관심을 두고, 아이들은 학교에만 잘 다니면 절로 되겠거니 하는 무책임과 무능만 보였다. 이 난국을 어떻게 풀어야 할지, 아무런 대책도 내놓지 못했다.

재수하기엔 더 큰 마음의 각오가 필요한데 그렇게 보이지는 않고, 지금 상황에 아르바이트까지 하겠다고 하니 철없게만 보였다. 다음날, 큰아이를 불러 점심을 먹으면서 대화나 할까 하고 전화를 했다. 아이는 밤새 울어 눈이 퉁퉁 부었으니 창피해서 외출하기가 싫다고 했다. 아이의 장래를 위한 새로운 길을 모색하고, 제 엄마하고 화해할 다리를 놓아줘야 할 텐데 상황은 점점 꼬여만 갔다.

전화가 왔다. "아빠! 나 합격했대!" 떨어진 줄 알았는데 담임선생님께서 확인해 보고 전화를 해 주셨단다. 합격자 발표에 수험 번호를 잘못 입력해서 떨어진 것으로 알고 있었다는 어이없는 설명이었다. 그래도 합격했다고 하니 마음이 조금 풀린 것 같았다. 먼저 엄마한테 전화하라고 하니 처음엔 싫다는 것을 억지로 달래서 전화를 시키고서야 한숨을 놓았다.

명문대인지, 그렇고 그런 대학인지는 모른다. 다만, 수시 면접 때 대학에서 부모를 대상으로 안내해 주는 말을 듣고는 믿을 수 있는 대학이라는 생각이 들었다. 무엇보다 인성을 중요시하는 학교 이념이 그렇고, 진정으로 사회를 아끼는 인재를 양성하는 재단에 믿음이 갔다.

20년 가까이 맞벌이 부모라는 핑계로 잘 돌보지 못하였는데 이 대학이 많은 것들을 채워 줄 것 같다는 믿음. 삶에 편향된 세상 사람들의 생각을 건너 따뜻한 시선으로 살 수 있게 만들어 줄 거라는 생각을 했다. 4년 동안 생활관 교육을 해야 하는 것이 마음에 걸렸지만, 공동생활을 통해 사회성을 더 키우고, 학교의 관심 아래 독립된 생활을 해

보는 것도 좋겠다는 생각을 했다.

다만, 사회사업이라는 것은 무한한 자기희생이 필요한데 아이가 잘 해낼지 걱정이었다. 아니 나 자신이 지금껏 살아오면서 남들을 위해 헌신적으로 봉사해 본 경험이 없다는 데서 나오는 두려움이었다. 아이는 과연 어떻게 생각할지, 덜렁대는 성격에 잘 해낼지도 걱정이다. 더구나 제 적성보다는 제 엄마 생각이 많이 들어간 선택이었으니 중도 포기하지나 않을지, 흔히 말하는 출세와는 거리가 멀 것 같다는 염려도 있었다.

하지만 걱정 않기로 했다. 지금은 예전과 굉장히 다른 사회로 변모됐고, 누구나 한 번쯤 사회봉사를 하고 싶다는 희망을 품을 정도로 변한 시대에 맞춘 건학 이념이 너무도 분명한 학교이니 말이다. 생활관에서 제 친구들과 어울리며 학업을 한다고 하니 이제 부모 손을 떠나는 시점. 세상을 향한 첫 비행을 준비하는 어린 솔개를 보는 것 같다.

종일 눈 내리던 오후 5시에 아이가 다니던 고등학교에서 졸업식을 하였다. 졸업식이 끝나고 어둠이 내려앉은 교정의 불빛 속에 살짝 염색한 머리와 화장기 있는 얼굴 그리고 콘택트렌즈에 마스카라까지 붙인 녀석을 애교로 봐주기로 했다. 친구들과 좀 늦도록 놀다가 오겠다는 것도 허락했다. 이도 어쩌면 홀로서기를 하는 하나의 과정이며, 그런 과정을 거치고 마침내 세상을 향해 꽃잎처럼 아름다운 비행을 할 수 있기를 기도해 보았다.

봄비

어제는 대학교 3학년이 되는 큰아이가 생활관에 입소하는 날이었다. 며칠 전부터 준비한 가재도구를 몇 상자나 챙겨서 학교까지 실어 주었다. 대학교 입학 첫 학기에 생활관에 입소했지만 적응하지 못해 집에서 다녔는데, 다시 생활관에 혼자 떨구고 오려니 마음 한편에 안쓰러움이 밀려온다.

나와 같은 마음이었을 아내와 막내는 기분을 바꾸어 보자고 대청호 주변으로 봄맞이를 가자고 했다. 호수 주변은 이미 몇 번이고 가 본 곳이라 이번에는 대청호 둘레길 일주에 의미를 두고 조금 걸어 보기로 했다.

대청호 하류 금강 변의 작은 식당 옆 오솔길을 택해 입산했다. 오솔길 품에서 산 아래로 내려다보니 대청호 푸른 물빛과 유유히 흘러가는 금강은 봄 풍경이었다. 그러나 마른 나뭇가지가 서걱거리고 낙엽이 바스락거리는 숲은 아이를 혼자 두고 온 탓인지 아직은 겨울 같았다.

아침부터 비가 내린다. 먼지가 폴폴 날리던 메마른 도시에 새벽부터 내린 비로 흙냄새를 실은 땅기운이 13층 아파트까지 올라왔다. 오늘이 경칩(驚蟄)이라고 한다. 남쪽 어느 지방에는 개구리가 벌써 겨울잠에서 깨어났고, 또 어느 곳에는 복수초가 벌써 피었다고 하던데, 내가 살고 있는 이곳의 개구리는 지금쯤 무엇을 하고 있는지, 풀밭이며 나무를 둘러보아도 봄소식이 감감하다.

경칩의 의미를 날씨도 아는지 분위기에 맞게 온종일 비가 내린다. 이상기후로 유난히 더 춥다거나 온난하다고 하지만 그래도 아직은 계절마다 찾아오는 소식에 큰 이변이 있겠는가. 3월 들어 몇 차례 내린 봄비에 개구리의 세상 나들이가 시작되었을 만하다. 나무도 물이 올라 금방 꽃망울을 부풀릴 거라는 기대감이 오늘따라 확신이 선다. 저만큼 머물고 있는 봄이 세상을 향한 산고(産苦)를 견디고 오는 중일 것이다.

영영 오지 않을 것처럼 떠나간 것들이 새로운 모습으로 돌아와 합창하는 3월의 여정을 가만히 기다려 본다. 훈풍을 맞으며 떨어졌던 잎사귀 자리에 새싹이 움트고, 강아지, 송아지도 두꺼운 털을 벗고 뽀송뽀송 새 털로 갈아입는 계절. 묵은 것을 벗어내기 위한 탈피를 거쳐, 봄꽃들은 서로 다투어 피워낼 테고 짐승들의 움직임도 활발해 지리라. 그래서 3월은 귀환의 계절이라고 불러도 될 것 같다.

아침에 내리던 비가 밤늦도록 내린다. 늦은 길 퇴근 버스에서 내리니 스산한 기운이 옷 속까지 파고든다. 봄날에 대한 희망과 달리 거리에는 아직도 낙엽들이 뒹군다. 적적한 퇴근길, 홀로 걷는 빗길에서 알

수 없는 허전함과 동행하여 집까지 왔다. 냉기 흐르는 썰렁한 거실을 홀로 지키고 있는 아내의 모습, 오늘따라 아내도 쓸쓸함이 묻어난다.

오늘은 부부가 함께 적막함을 달래야 하는 밤인가 보다. 집 안 구석구석 말썽쟁이 큰아이가 어질러 놓은 흔적이 남아 있고, 막내의 하교 시간은 멀었다. 아이들이 없는 적막감이 나뭇잎을 떨군 겨울 숲 같다. 지지고 볶든, 아이들과 함께 있던 시간이 이토록 마음을 많이 차지하고 있었던가?

그간 우리 부부는 아이들에게 늘 부족했다. 9만 리 넘게 남은 아이 인생길에 따뜻한 후견인이 되기보다 타박으로 훈계해온 시간들. 그간 아이들이 받았던 마음의 상처와 부담은 얼마나 많았을 것이며, 원망과 섭섭함은 또 얼마나 컸을까. 시간이 되면 조용히 제 위치를 찾아오는 계절처럼 아이들도 제자리를 찾아갈 텐데, 조급증이란 병증이 깊어 가시 같은 마음으로 아이들을 찔렀던 것 같다.

생활관에서 혼자 되어 첫날을 보낼 큰아이와 자정이나 되어야 집에 들어올 막내의 힘겨운 시름을 본다. 큰아이는 멀리 떨어지고, 작은 아이는 출퇴근 시간과 엇갈리니 한집에 살아도 얼굴을 맞대는 시간이 점점 줄어든다. 가을은 낙엽이 지는 이별의 계절이라지만 3월도 아이들과 이별하는 계절이다. 부모 그늘을 벗어나 홀로서기 연습을 하는 아이들의 고달픈 여정이 시작되는 계절이다. 그래서 올해 봄은 마냥 따뜻하지만은 않다.

동면하던 개구리가 경칩을 맞아 세상에 나오듯 아이들도 새 학기라는 새 세상을 향해 나섰다. 새 친구, 새 학문을 만나며 홀로서기를 시작한다. 늦었지만 아이들에게 말없이 응원을 보내 본다. 시작은 메마른 가시밭 같을지라도 새싹을 틔우고 숲을 이루게 해 줄 봄비가 되어 주고 싶다.

4

한 우물

소똥도 약

개똥도 약에 쓴다는데 소똥은 이만한 가치가 없었을까? 직원 한 명이 오늘 특별한 기사가 실렸다며 스크랩한 신문을 보여주었다. 요지는 소똥 냄새를 많이 맡으면 폐암에 걸릴 확률이 현저히 줄어든다는 다소 황당한 기사였다. 소똥과 관계있는 직업이다 보니 이런 것도 스크랩할 가치가 있었던가 보다. 하긴 사회에 첫발을 내디디며 처음 한 일이 소 결핵병 검진이었으니 이때부터 소똥과 인연이 시작되었다.

초등학교 시절 보건소에서 나온 간호사에게 팔뚝을 내밀면 피부에다 주사를 놓고 볼펜으로 주사 자국을 동그랗게 표시해 두던 일. 그리고 며칠 후에 얼마나 부었는지 자로 재면서 검사했던 일. 그것이 결핵검사를 위한 투베르쿨린검사였음은 나중에 알게 됐다. 이제는 엑스레이 검사로 그 자리에서 진단받을 수 있으니 팔뚝에 투베르쿨린을 맞던 일은 이제 먼 옛날의 이야기가 되었다.

결핵 검진은 사람만 하는 줄 알았는데 동물도 한다는 것을 처음 알게 되었다. 동물 결핵 검진은 사람에게 전염되는 것을 막기 위해 농가에서 키우는 소를 정기적으로 검사해서 도태시키는 방역 사업이다.

그런데 동물에 대한 결핵 검사는 여전히 투베르쿨린 반응으로 검사하고 있었다.

일단은 소를 키우는 농가를 일일이 찾아가서 소를 묶어야 한다. 그리고 소의 피부 중에서도 털이 없고 가장 얇은 미근부(尾根部)를 소독하고 투베르쿨린 액을 피내(皮內) 접종해야 한다. 그런 다음, 2~3일 후에 접종 부위가 부었는지 반응 여부를 보고 판정하게 된다. 검사 대상이 사람에서 소로 바뀌었고, 검사 주체가 수의사로 바뀌었을 뿐, 초등학교 때 받았던 결핵 검진 방법과 똑같음에서 특별한 소회(所懷)를 맛보았다.

이 일을 하려면 일주일에 이틀은 농장을 찾아다니며 투베르쿨린을 접종해야 한다. 또 판정하기 위해 두 번을 찾아가야 한다. 그때만 해도 축사 시설이라고 해 봐야 재래식이나 마찬가지였고, 보호복도 일회용이 아닌 흰색 가운이었다. 그런 곳에서 검진하려면 비좁은 축사를 드나들어야 했고, 손수 소를 잡아야 했다. 소꼬리를 잡지 않고는 진단액을 접종하지 못하였으니 성질이 못된 소를 만나 뒷발에 차이는 일은 다반사였다.

그렇게 하루 일이 끝나면 옷에 소똥이 묻지 않는 날이 없었고 냄새나지 않는 날이 없었다. 지친 몸으로 집에 들어서면 냄새난다며 불청객 대접이고, 하루가 멀다 하고 흰 가운을 빨랫감으로 내놓을 때는 아내로부터 불평 아닌 불평을 감수해야 했다. 그랬던 소똥은 그때나 지금이나 변함없이 천적과도 같은데, 특별한 기사가 났다며 큰일인 양

가지고 온 신문 기사 한 줄에 그때 일들이 바람처럼 아른거렸다.

뉴질랜드발 기사 내용을 보면 이렇다. 목부(牧夫)는 마른 소똥에서 나오는 먼지와 세균을 호흡을 통해 마실 수밖에 없다. 이 과정에서 몸에 들어간 박테리아가 생체 저항력을 높여 준다고 한다. 환경이 열악하여 불결하면 질병에 걸리기 쉽다는 것이 우리가 알고 있는 보통의 상식이다. 그런데도 이번엔 열악한 환경에서 생활하면 저항력이 강해져서 오히려 병에 걸리지 않는다고 한 것이다.

수의사가 일하는 곳 중에는 깨끗하지 않은 그런 곳이 많다. 분뇨와 악취로 대변되는 산업 동물 현장은 특히 더 그럴 수밖에 없는 곳이다. 과거보다는 많이 좋아졌다고 하지만, 더 높은 수준을 바라보는 도시민들의 기대를 만족시키기엔 갈 길이 아직 많이 남은 것 같다. 그뿐만 아니라 환경오염의 주범으로 지목받고 있는 곳이니, 함께 일하는 농부나 수의사들은 공연히 자격지심(自激之心)이 생겨난다.

어떤 상황에서도 동물의 생명과 복지만을 위해 일하는 수의사, 화이트 가운을 입은 멋있는 모습이라면 얼마나 좋을까? 물론 입문할 때는 그렇게 생각하면서 공부를 했다. 하지만 현실은 동전의 양면과 같아 음지에도 수의사가 필요하기에, 누군가는 담당해야 할 일이다.

지금은 조류인플루엔자를 방역한다며 온 나라가 들썩거린다. 생물을 강제로 매몰해야 하는 현장을 외면하고 떠날 수 없는 것은 수의사가 꿈꾸는 언덕 건너편의 춥고 응달진 곳과도 같다. 그쪽에서 하루가 멀다고 초조하게 떨고 있으니, 다른 사람들이 보기엔 얼마나 측은해 보일까.

직업상 소똥 냄새와는 떼려야 뗄 수 없다는 것을 부정하기엔 이미 너무 많은 시간을 함께했다. 결국 천직으로 생각하고 다른 사람의 시선을 의식하지 않게 된 것은 열악한 환경에 살며 생기는 면역력과 같은 것이 아닐까. 사회가 알아주지 않는 소외감은 천직도 털어 낼 수 없는 면역 부작용과 같으리라.

이런 때에, 운명처럼 함께 굴러가야 할 소똥도 약이 된다고 했겠다. 따지고 보면 대단한 기사도 아니고, 보통 사람들에겐 한 번의 눈웃음으로 지나갈 이야기에 불과하다. 그런데 왜, 나는 이 기사를 읽고 소똥이 주는 혜택을 가장 많이 받는 사람인 양 위안을 받았을까. 거기에 고소해지기까지 하는 것은 무슨 조화일까. 그래서 사람들이 직업은 속일 수 없다고 하는가 보다.

다 지나간다

지난 2009년, 향년 98세의 나이로 타계한 중국 북경대학교 원로 학자 지셴린(季羨林). 그는 중국인들로부터 '나라의 스승'이라는 칭호를 받을 만큼 많은 사랑과 존경을 받았다고 한다. 그가 13억 중국인들과 소통을 하게 된 수단은 평생 써온 산문집이었다.

그가 쓴 글 중의 글, 사람들에게 큰 울림이 주었던 감동적인 작품만을 엄선하여 '다 지나간다'라는 책으로 발간했다고 한다. 짧은 문구 속에 담긴 사색은 책에 잘 담겨있을 것이고 제목 자체만으로도 공감을 얻을 수 있을 것 같다. 누구나 겪을 수 있는 시련에 의연히 대처하고, 상황이 좋을 때는 미리 경계할 수 있는 심리적 기준이 되지 않을까.

구제역이 전국을 강타하며 우리 지역에도 사상 최고 피해가 발생하였다. 11월 말부터 경북지역과 통하는 길을 시작으로, 여러 지역 연결 도로에 수백 개의 방역소로 확대할 때까지는 그나마 형편이 좀 나았다.

하지만 12월 말 우리 지역에도 발생이 확인되면서 그간의 노력이 수포로 돌아가 온몸에 맥이 빠져 낙담했던 날. '다 지나간다'라는 말을

인용하며 격려해 주신 박 부지사님의 한 마디에 힘을 얻어 독한 방역 전쟁을 다시 벌였던 기억이 떠올랐다.

발생하지 않았으면 더 좋았겠지만, 가장 늦게 시작해서 가장 빨리 종식했다는 결과는 그나마 다행스러운 일이었다. 무엇보다 다른 지역과 달리 구제역 확산 속도에 맞추어 예방접종을 발 빠르게 결정하고 협조해준 축산 농가의 결단력이 빛났다. 방역 기간 중 공무원들과 더불어 군 · 경, 시민단체, 자원봉사자 등 각계각층의 희생 어린 방역 동참과 교통 불편을 이해하고 협조해준 성숙한 시민 의식은 무엇보다 소중한 성과였다.

구제역은 진정되었지만 수습을 위한 파장의 여운은 생각보다 훨씬 길고 험했다. 첫 번째 시련이 가축 살처분 피해와 주변 소상공인의 간접적 피해, 지역을 찾아 주는 관광객의 감소로 인한 일부 지역의 경기 침체라고 한다면, 두 번째 시련은 보통 사람들이 겪는 간접적이고도 전반적인 피해라고 할 수 있다.

방역 비용과 피해 보상이라는 국민 혈세의 손실은 차치하더라도, 국민 축산물이라고 불리는 삼겹살과 관련된 보완재의 가격이 고공 행진을 했다. 한우는 가격이 하락하여 생산과 소비의 불균형으로 어려움을 겪고 있으며, 매몰지의 환경문제는 우리 모두의 걱정거리였다.

사상 초유의 구제역을 겪고 일어난 간접 피해를 바라보며 방역 관계관의 한 사람으로서 사회에 미친 영향에 대한 책임을 통감하게 된다. 그간의 잘잘못을 반성하는 마음으로 되돌아보고, 경험으로 얻은 아픔은 소중한 자산으로 승화시켜야 할 때로 보인다.

축산업이 국민들에게 단순히 좋은 단백질만 공급하는 시대는 지나가고 있다. 단일 질병으로 국가 경제에 이만한 영향을 미치는 것으로 볼 때, 축산업은 더 이상 일정한 영역의 소극적인 산업이 아니라는 것을 깊이 인식하고 큰 틀에서 변화해야 한다.

농촌 경제의 실질적인 소득이라던 자부심도 겸손한 생각으로 바꿀 때가 되었다. 축산업은 이제부터 사회에 어떻게 공헌하고 어떻게 환원할 것인지에 대한 새로운 고민이 필요하다. 소는 잃었으되 외양간을 제대로 고치고 심기일전하여 변화하는 환경에 맞추었으면 한다. 농축산물은 공산품과 다르다는 것을 다시 한번 인식하여 목장은 주변 환경과 조화롭게, 깨끗하게 조성하고, 쾌적한 공간에서 건강한 가축을 길러내는 것 또한 하나의 답이라고 생각한다.

세계 각국과 자유무역협정이 속속 타결되고, 또 진행 중이다. 상대국에 따라 다르겠지만 우리 농산물의 피해는 누구나 쉽게 예측할 수 있다. 외양간을 고치는 김에 국제 경쟁력도 염두에 두었으면 좋겠다. 그동안 신토불이로 쌓은 국산 축산물의 국민적 신뢰도를 바탕으로 농축산업 또한 한류 바람이 없으라는 법은 없다.

상품 구매에 관한 국제 경쟁력의 근본은 품질에 있겠으나, 그 밑바탕에는 검역 위생이 있다. 악성 전염병이 계속 발생하는 한, 더 많은 국가에게 더 불리한 조건으로 농축산물 시장을 개방할 수밖에 없다. 우리 농축산물의 위생 수준은 수입 농축산물에 대한 검역의 기준이 되므로 하루빨리 전염병 청정국의 지위를 회복하고, 위생적으로 안전한 농산물을 생산하는 것이 과제라 하겠다.

시련을 함께 딛고 일어선 성공은 더욱 아름답다. 우리 고향인 농촌이 힘에 겹고 지쳐있는 지금, 도시 사람들의 응원이 그리울 때다. 이럴 때 서로가 서로에게 힘이 되어 함께하는 것이 도시와 농촌의 아름다운 조화가 아니겠는가. 우리 농촌에 풍요로운 희망을 꿈꾸며, 지금의 시련도 도농(都農)이 함께 하면 언젠가 다 지나가리라 믿는다.

어느 방역사의 죽음

12월이다. 그리고 매서운 추위가 또 찾아왔다. 작년 이맘때 무슨 일이 있었던가. 안동발 구제역 소식을 듣고 보은, 괴산, 단양 지역에서 긴급히 방역 소독소를 설치하였다. 초기에 설치한 25개 방역 초소는 일찌감치 얼어붙기 시작했다. 예비비를 편성하여 소독약을 추가로 배부하였고, 발생 지역으로 출장을 최대한 자제하도록 했다.

경북에서 출하된 가축이 있는 도축장에는 긴급히 역학조사가 시행되었고, 어느 도축장은 폐쇄 조치까지 내려졌다. 모든 가축 시장이 문을 닫은 가운데 축산 관련 공동 시설은 매일 소독을 진행했다. 들불처럼 번진 구제역으로 나라가 들썩거렸다. 12월 한 달 동안 잘 버텨 왔으나 인접한 여주와 천안을 시작으로 봇물 터지듯 밀려들어 왔다. 공무원과 축산 농가는 물론 도민 모두가 참 힘들었던 겨울이었다.

12월 27일은 처음으로 구제역 신고가 들어왔다. 구제역 신고를 받으면 가장 먼저 출동하는 곳이 현지 조사반과 초동방역반이다. 현지 조사반은 행정기관과 축산위생연구소 소속 방역관이 현지 사정을 파악하고 검사용 시료 채취와 초기 역학조사를 하는 곳이다.

초동방역반은 가축위생방역지원본부가 담당한다. 신고 농가의 길목을 차단하고 검사 결과가 나올 때까지 24시간 밤새워 차량 통제와 이동 제한, 소독을 담당한다. 다행히 구제역이 아니라면 철수하겠지만 구제역이라면 초동방역반은 기약 없이 농장을 통제하고 때로는 살처분 현장을 지원한다.

가축위생방역지원본부에서는 평상시에 구제역과 조류인플루엔자를 포함한 중요 가축전염병 예찰을 담당하고, 검사에 필요한 시료를 채취하며, 농가 예찰과 지도 · 홍보 · 교육을 담당한다. 일과의 처음부터 끝까지 축산 농가를 방문해야 하는 고단한 일이다. 피를 뽑기 위해 무모하게 가축과 힘겨루기를 하고, 깨끗하지 못한 축사를 드나드는 것이 그들의 일이다. 가축들과 실랑이는 예사고 때로는 축산 농가와 의견이 맞지 않아 곤욕을 치르기도 한다.

이들은 공공 일을 하지만 눈에 띄지 않는 음지에서 박봉을 받으며 일하는 사람들이다. 이들이 있기에 전염병의 발생 동향을 쉽게 모니터링할 수 있고, 농가와 일일이 대면하며 방역에 관한 주의 사항과 조치 사항을 지도할 수 있다. 과거와는 확연히 다른 방역 여건에서 그들의 노고를 알리고 싶으나 잘되지 않는 것이 현실이다.

젊은 가축 방역사 한 분이 순직하였다는 비보가 날아들었다. 소 사육 농가에서 피를 뽑고 귀표 번호를 확인하러 축사에 들어간 것이 화근이 되었다. 경력 8년 차인 그 방역사는 또 다른 임무를 위해 서둘러 축사에 들어갔다가 무자비하게 밀어붙이는 황소에 받혔다. 어찌나 힘이 셌는지 간과 십이지장, 췌장이 손상되어 복부 내출혈을 일으켰다. 어떤 장기는 일부를 도려내고, 어떤 장기는 전부 적출하는 큰 수술을 하고 회복하던 중, 갑작스러운 상태 악화로 서울로 이송되었으나 끝내 돌아오지 못하는 길로 가버렸다.

마흔이 넘어 새 신부를 만나 결혼 날짜까지 잡았다. 행복한 결혼식을 올릴 계획을 기약 없이 연기했건만, 끝내 순직하는 바람에 분홍빛 사랑의 연가는 비통한 운명으로 돌아왔다. 누가 보아도 공공 업무를 수행하다 순직하였음에도 마땅히 받아야 할 예우가 마뜩잖은 현실에서 그의 운구 행렬이 쓸쓸히 길을 떠났다. 길게 뒤따르는 동료들의 어깨가 절망감으로 힘없이 처졌다.

요즘 들어 군인들과 소방관, 경찰관의 순직 소식이 자주 들려온다. 어디 딱한 사연이 없는 죽음이 있겠는가만 그들과 비교하면 방역사의 순직은 초라하기만 하다. 일 계급 특진, 훈장 추서, 기관 장례도 없고 국립묘지로 가는 길도 없다. 세상 많은 직업 중에 중요치 않은 것이 어디 있나. 비영리사업으로 공공 업무를 수행하다 순직했건만 소속된 단체의 한계에 부딪혀 한이 되지는 않았을지. 그동안 외쳤던 '가축방역은 제2의 국방'이라는 구호가 어색하게 되었다.

올겨울은 구제역도 없고 조류인플루엔자도 없는 따뜻한 겨울이 되길 소망한다. 가축 방역의 중추적 역할을 하는 방역사들도 한마음이다. 그런데 뜻하지 않은 어느 젊은 방역사의 순직 소식이 보는 이의 마음을 얼어붙게 만들었다. 고귀한 희생이 헛되지 않도록 하는 것은 남은 사람들의 몫이 되었다. 남은 동료와 축산 농가 모두가 심기일전 하여 희생정신이 우리 마음에 영원히 남길 기원해 본다.

나는 왜 라면이 먹고 싶었을까?

늦은 밤 모두가 잠든 집에 숨어들 듯 들어와 주방부터 찾았다. 라면용 작은 냄비에 물을 담고 가스레인지에 불을 올렸다. 냄비 밑바닥부터 공기 방울이 하늘을 향해 몽글몽글 피어올라 이내 하얀 김으로 변하며 사라졌다.

수프를 뜯어 냄비에 넣는 순간 국물이 빨갛게 변하며 요동쳤다. 영락없는 핏물에 어슷어슷 썬 대파와 매콤한 고추를 냄비에 넣고 나니 그제야 진정된다. 바싹 마른 라면을 반으로 뚝 잘라 넣고 한소끔 바글바글 끓인 다음 곧장 식탁으로 옮겼다. 약간 덜 익어 꼬불꼬불한 라면 가닥을 젓가락에 간신히 걸어 올려 채 씹지도 않고 넘기니 식도를 타고 스멀스멀 내려간다. 매콤함에 눈시울을 적시며 먹는 라면 맛을 얼마 만에 보았던가.

막 겨울에 들어서던 때 안동에서 들려오는 구제역 소식으로 하루도 제대로 쉬어 보지 못한 채 90일을 달려왔다. 처음 두 달은 내가 사는 곳에 들어올까 조바심으로 지내고, 그다음 한 달은 우리 지역을 침범한 구제역과 사투를 벌였다. 지금은 전국에 유령처럼 떠도는 매몰지의 핏물과 괴담, 그들과 전쟁을 벌이고 있다.

구제역 살처분 현장에 가보지는 않았지만 평생을 이 직업으로 살았는데 어찌 가보아야만 알겠는가? 차갑고 냉혹한 겨울밤, 아비규환의 현장. 수의사가 할 짓이 아니건만 그래야만 하는 현실을 잘 알기에 올겨울은 하늘이 무너져 내렸다.

어찌 나뿐이겠는가? 영문도 모르는 동료들은 생소한 풍경에 놀랐을 것이고, 얼어붙은 소독기의 구멍을 뚫으며 약을 분사하던 이들은 또 손이 얼마나 갈라졌을까? 그들이 현장을 쫓아 다니는 시간에 난 대여섯 평 남짓한 사무실에 스스로 감금되었다. 온종일 시달려야 하는 전화통은 나를 감시하는 교도관이기도 했다.

그 와중에 그간 한참 동안 먹지 못했던 라면이 먹고 싶어졌다. 자주 시켜 먹던 짜장면과 볶음밥도, 잘한다고 하는 식당의 음식들도 이젠 진력이 나 미각을 잃어버렸는데 라면이 미각의 신경을 곤두세워 줄 것 같아서였다.

석 달 만에 맛있게 먹기로 작정했는데, 냄비 속에서 아비규환의 구제역 현장으로 첨벙 빠져 버렸다. 방금 전까지만 해도 맛 좋은 사료를 소화하던 창자가 라면 속 주검으로 변하여 둥둥 떠다녔다. 헛구역질이 났다. 끓어 넘치던 수프 거품이 혈관을 뚫고 나온 핏물과 엉기고, 수증기로 산화하는 냄비 속 안개는 그들의 영혼이 떠나가는 현장처럼 보였다.

왜 하필이면 이 순간에 라면이 먹고 싶어졌을까? 짐승들이 흘린 피의 현장을 똑똑히 보라는 신의 장난이었을까? 핏물 속에서 뜨겁게 달구어져 피어오르는 청양고추의 매운맛이 눈물샘을 자극하였다. 젓가락이 냄비 속에서 방향을 잃은 채 허우적거렸다.

낙엽 지는 계절에

온 산에 단풍이 울긋불긋하다. 산 능선에는 나뭇잎을 떨군 앙상한 나무를 남긴 채 긴 겨울 여정이 시작되었다. 도심 속 플라타너스 가로수 길 아래 무수히 떨어진 낙엽들이 발목을 감고 맴돌더니 길섶으로 밀려 나간다. 이들은 생명을 다한 것일까? 아니면 내년 봄을 기약하며 새 생명을 위해 자리를 비워주는 것일까? 어렵지 않은 두 가지 해석을 두고 생각에 잠겨본다.

나이 50을 넘겼으니 계절 나이로 따지면 초가을쯤 되지 않았을까. 인생의 가을인데 지금쯤 무엇을 떨어내어야 할까. 낙엽을 보며 상념에 잠겨 보지만 이 또한 딱히 떠오르지 않으니 올가을 숙제로 풀어야 할 것 같다.

가을은 남자의 계절이라고 했던가. 낙엽을 보면서 다른 해와 다른 우수(憂愁)에 젖어 든다. 그것이 남자의 감성을 애잔하게 건드려 울리는 소심한 감수성이었으면 좋겠으나 올해는 꼭 그렇지만은 않은 것 같다.

한차례 바람이 다시 일며 낙엽이 어지러이 뒹군다. 문득 지난겨울에 광풍처럼 훑고 지나간 구제역과 조류인플루엔자로 희생된 생명들의 영혼이 머물며 주위를 맴도는 듯, 낙엽들 하나하나가 아픔을 들추어내고 있다. 행여 낙엽을 밟으면 바스락거리는 소리에 그 현장 속 아수라장이 떠올려질 것 같아 함부로 걷기가 조심스러워진다.

생각해 보면 가축들의 희생이라는 거대한 물결 앞에 한 사람의 작은 힘으로는 어찌할 도리가 없었던 잔인했던 계절. 누구도 가기 싫어했던 현장을 묵묵히 지키던 사람들에게 생명을 거두는 낯선 작업과 육체적인 고통 그리고 눈으로 보는 것 자체가 힘겨웠던 시간이었다.

어떤 이들은 그 겨울의 사람들이 잔인했다고 떠올리겠지만, 난 계절이 잔인했음을 떠올린다. 누가 살생을 좋아하겠는가만 수의사란 직업을 가지고 있는 사람으로서 생명을 구해야 한다는 본분을 거슬러 역주행해야 했던 비애의 겨울이 잔인하였다.

이런 처사를 두고 세간에서는 잔혹하다느니 잔인한 인간들이라며 살생자로 매도하기도 했다. 죄인 아닌 죄인이 되어 한마디 반론조차 제대로 할 수 없었다. 섭섭한 마음을 마음속 깊숙이 꼭꼭 저며 두는 방법밖에 도리가 없었다. 섭섭함이 너무 크고 단단했기 때문일까? 시간이 한참 흘렀지만 이젠 닦아도 닦아도 지울 수 없는 마음속 문신이 되어 버렸다.

어떤 철새는 북쪽으로 떠나고 어떤 철새는 날아드는 계절이다. 제 삶의 터전을 각각 달리하는 시기이다. 철새를 바라보는 감성도 많이 바뀌었다. '기러기 울어 예는 하늘 구만 리, 바람이 싸늘 불어 가을은 깊었네.' 가을이면 허전한 마음을 달래려 즐겨 부르던 애창 가곡에 대한 애잔함도 이젠 예전 같지가 않다. 철새를 보면 조류인플루엔자가 생각난다. 추운 겨울이 될지 따뜻한 겨울이 될지는 가을 하늘을 비행하는 저 새들에 달린 신세다.

이러다 나머지 생에 가을밤 낭만을 모두 잃어버릴까 걱정이다. 철새는 가금(家禽)으로 전염병을 옮길 수 있으므로 그 과정을 막아야 하는 것이 소임이니 낭만을 되찾을 길은 멀기만 하다. 갈대가 우거진 고즈넉한 습지의 일몰 풍경은 가을 여행을 꿈꾸는 모든 이들에게 동경의 대상이다.

그러나 사람들에게 철새가 많은 습지나 강과 하천은 방문하지 말아달라고 호소한다. 행여나 바이러스를 신발에 묻혀 올까 하는 조바심과 걱정의 흔적이다. 상대도 없는 공허한 강변을 향해 하얀 소독약도 뿜어본다. 완전하게 막아내기엔 힘에 버겁다는 것이 자명하지만 조금이라도 그 걱정을 줄여 보겠다는 것이 함께 일하는 사람들의 말 못 할 고충이다.

농촌을 지키는 목부들도 시름이 커지는 계절이다. 오리나 닭이 사는 농장 주변은 항상 깨끗이 하고, 소독을 하여 철새의 접근을 막아 달라 일러준다. 외출도 자제하거나 외출 후에는 신발과 의복을 세탁하게 하고, 농장에 들어오는 모든 것을 통제하고 소독하라 한다.

적어도 다른 농장에서 내 농장으로, 내 농장에서 다른 농장으로의 전염을 막을 방법은 이 길뿐이지 않은가. 어려울 것 같지만 습관화된다면 참 쉬운 일임에도 낙엽 지는 계절이 돌아오면 조바심으로 당부하는 연례행사가 되었다. 어찌하겠는가! 지금의 가을 길을 제대로 걸어야만 동물과 사람들의 희생을 막을 수 있으니, 이 같은 연례행사로 내가 꿈꾸는 가을을 되찾기란 쉽지 않을 것 같다.

낙엽 지는 가로수 아래서 다시 한번 희생이라는 단어를 생각해 본다. 올해는 부디 동물도 사람도 애매하게 희생되지 않는 따뜻한 겨울이 되었으면 한다. 잔인한 겨울 경험은 이미 충분히 했기 때문이다. 어린 날의 가을 감수성을 더듬고자 곱게 물든 낙엽 한 장을 주워본다. 잠시라도 현실을 잊고 한동안 가까이하지 못했던 문집 속 책갈피에 곱게 끼워 보아야겠다.

소를 몰고 간 여인

농촌에서 어렵게 살아가는 총각이 있었다. 그런데 그 총각은 청각 장애, 언어 장애에다가 신체마저 불편했고 돌보아 주는 가족도 없었다. 그러나 타고난 착한 심성과 성실함 그리고 근면함으로 인심 좋은 이웃들과 어울려 살아가는 데 그리 부족함이 없었다.

그는 수년간 남의 일을 해주면서 푼푼이 모은 돈으로 송아지 한 마리를 어렵게 샀다. 총각의 유일한 재산이자 가족과도 같은 송아지는 정성 어린 보살핌 속에 무럭무럭 자랐다. 송아지가 어미 소가 되었을 무렵, 총각은 때마침 이웃이 중매하여 조신한 처녀와 결혼하고 어엿한 가정도 꾸렸다.

부부의 살림살이가 그리 넉넉하지는 못했지만, 두 사람은 어려운 가운데서도 오순도순 살림을 일구었고, 어미 소는 열네다섯 마리도 넘을 만큼 새끼에 새끼를 낳아 부농의 꿈을 일구어 나갔다. 새댁은 몸이 불편한 신랑을 대신해서 집안 대소사와 대인 관계를 통틀어 집안을 알뜰살뜰 챙겼고 살림도 잘 일구어 나갔다. 그리고 부부 사이에 태어난 아이도 자라서 어느덧 중학교에 입학할 만큼 훌쩍 컸다.

우루과이라운드라는 협상이 타결되었다며 농촌이 술렁거린 지는 이미 오래되었다. 계획된 일정에 따라 쌀을 포함한 수입 농산물이 밀려올 것이고, 송아지까지 수입되면 농촌 경제는 금방 무너질 것이라는 농민들의 한숨 소리가 깊어만 갔다. 그래서였을까? 그해는 농부들의 답답한 마음처럼 5월이 다 지나가도록 희뿌연 황사가 하늘을 뒤덮어 걷힐 줄을 몰랐다.

그즈음 멀지 않은 동네에서 듣기에도 생소한 구제역이라는 몹쓸 전염병이 발생했다는 소문이 들렸다. 군복을 입은 군인들이 동원되고, 처음 보는 군용 제독 차량이 수시로 골목길을 돌며 소독을 해댔다. 그 일대는 전쟁 아닌 전쟁을 치르고 있었다.

소문을 듣자 하니 구제역이 발생한 동네의 소는 몽땅 땅에 파묻혀 버렸고, 또 옆 동네의 소는 강제로 도축장에 실려 가 도축되었다. 생전 처음 보는 하얀색 방역복을 입은 사람들은 우주 점령군처럼 마을을 돌아다니며 소나 염소같이 뿔 달린 짐승 모두에게 예방주사를 강제로 맞혔다. 어찌나 긴박하게 움직이는지 사람들은 조바심에 더 빨리 예방주사를 맞히려 발을 동동 굴렀다. 새댁 집에 키우는 소도 예외는 아니었다.

길거리로 다니는 차에 연일 매캐한 소독약을 들이퍼부었고, 마을 어귀와 축사마다 하얀색 생석회를 뿌려 동네는 때아닌 겨울 풍경이 됐다. 전에 보지 못한 낯선 풍경들은 가뜩이나 힘든 농촌 사람들의 마음을 얼어붙게 만들었다. 소를 키우는 사람들 사이에서는 민심마저 흉흉해져 갔다.

그렇게 급박한 시간들이 지나며 계절이 바뀌고 방역도 어느 정도 끝나갔다. 다행히 구제역이 새로 발생했다는 소식은 더 이상 들리지 않았고 차츰 안정을 찾아갔다. 후속 조치로 당국은 예방주사를 맞은 소에 대해 검역과 허락을 받지 않고는 이동하거나 팔지 못하도록 했다. 그래서 당장 급전이 필요한 사람들의 불편과 불만이 이만저만이 아니었다. 며칠씩이나 걸리는 검사가 끝날 때까지 기다릴 수밖에, 도리가 없었다.

그러던 어느 날 구제역과 관계없는 청정 지역의 소에게서 구제역 항체가 발견되었다며 방역 당국을 또 한 번 긴장시켰다. 혹시나 새로 발생했을까 놀란 마음에 급히 농장을 찾아간 결과, 그 소는 얼마 전에 다른 곳에서 사 온 것으로 밝혀졌다.

방역 당국은 다급하게 역학조사를 하게 됐고, 그 소를 언제 어디서 누구에게 샀는지 이동 경로를 거꾸로 추적하게 되었다. 한 다리 두 다리 거꾸로 건너며 원래 주인을 찾아가니 아니나 다를까 그 소는 부부의 집에서 팔려나간 것으로 확인되었다.

조사관들이 어렵게 찾아낸 그 집에 도착하니 마당은 잡초가 무성하였다. 굳게 잠긴 방문, 그리고 깨어진 창틈으로 보이는 땟물 흘러내린 얼룩진 벽지가 주인을 대신하여 우리를 맞았다. 주인 없는 집을 서성이며 한참을 기다리고 있는데 마침 이웃집에서 나오시는 할아버지를 만났다. 허리가 휜 할아버지께서 "그 집 주인은 논에 물 대러 가고 없어, 만나도 얘기를 나눌 수 없으니까 만나 봐도 소용없어. 새댁은 올 봄에 소를 판 다음 아직도 연락이 없어…." 하면서 혀를 끌끌 찼다.

그 여인은 아마도 소를 몰래 처분하고 싶어 당국에 신고할 마음이 없었던가 보았다. 무엇이 그 착했던 여인의 마음을 이렇게 흔들어 놓았을까? 인심 좋던 농심(農心)이 해가 바뀔수록 저만큼씩 달아나는 것 같아 가슴이 아팠다.

그런 사정을 아는지 모르는지 손바닥만 한 논에 땀을 흘리며 물을 대는 그 남자의 뒷모습이 저 멀리 보였다. 밀짚모자 아래 땀에 젖은 등 너머에는 세상 물정에 욕심도 관심도 없는 듯 보였다. 먼발치에서 남자의 마음을 짐작해 조사를 끝낸 채 우린 발길을 돌리기로 했다. 돌아 나오는 골목 담장 너머 황량한 그의 집처럼 우리의 마음도 씁쓸해졌다.

약속

휴일 봄바람이 손을 잡아끌었을까? 완연한 봄기운을 따라 사무실 정원까지 나왔다. 느티나무 그늘 아래 벤치에 앉아 하늘에 두둥실 떠가는 구름도 보고, 땅에는 어떤 생명들이 요동치는지 번갈아 살펴본다. 이 얼마 만에 누려보는 여유이고 행복인가?

지난겨울은 느닷없는 구제역의 발생으로 계절 하나를 송두리째 잃어버린 시간들이었다. 들불처럼 번져 가는 구제역과 맞서랴, 혹독한 추위와 맞서랴 하는 사이에 다가오는 봄은 기대할 수도 없었다. 그런데 언제 그랬냐는 듯 이렇게 따뜻한 봄을 맞아 한가로운 여유를 즐기다니, 반전된 상황이 믿어지지 않을 지경이다.

나뭇가지 사이로 쏟아지는 햇살도, 당산에서 불어오는 봄바람도, 살갗에 부딪히는 감촉이 상큼하다. 어떤 나무는 몽실한 꽃눈을 부풀리고, 또 어떤 나무는 잎눈을 뾰족이 열어두고 봄맞이를 하고 있다. 땅속 쇠뜨기는 잠망경 같은 생식 줄기를 쭉 빼 올려 봄이 어디까지 왔는지 정탐하는 듯하다. 저만큼 파란 하늘을 배경 삼아 피워낸 목련꽃의 속살이 눈에 부시도록 희다. 목련꽃 피고 지고, 그다음이면 살구

꽃, 벚꽃, 이팝나무꽃. 이참에 줄줄이 피워 낼 봄의 향연을 잔뜩 기대해 본다.

작년에도 그랬는데 올해도 목련을 보니 구제역이란 단어가 떠오른다. 썩 잘 어울리는 짝도 아니고, 공생할 수도 없는 둘의 묘한 관계를 연결해 주는 끈은 다름 아닌 봄이었다. 작년 봄, 목련 꽃잎이 뚝뚝 떨어지던 날에 구제역이 생겼다는 소식을 들었다. 그것이 신호였을까? 두툼한 쌍꺼풀에 긴 속눈썹, 굵은 눈망울을 굴리던 순박한 송아지까지 모조리 숨을 거둬들이던 출발점이 되고 말았다.

올해도 구제역 길목에서 목련을 만났다. 이번에 만난 목련은 구제역의 종결을 알리는 소식이었다. 긴 겨울 동안 깊은 산골 외딴 마을까지 몰아쳤던 구제역 광풍과 어느 해보다 추위가 혹독하고 잔인했던 시간 뒤에 찾아온 평화였다.

방역 초소 옆 얼음 탑은 하늘을 찌를 듯 높아만 갔고, 텅 빈 축사에 몰아치던 냉골은 언제 온기로 채워질지 가늠되지 않은 채 겨울이 딱 멈추어 버린 줄 알았다. 그랬는데 언제 그런 일이 있었냐는 듯 벤치에 앉아 봄 햇살을 즐기다니 목련이 전해주는 이중성이 얄궂기도 했다.

목련을 바라보며 또 하나의 단어 '약속'을 생각했다. 겨울이 지나가고 봄이 오는 것은 자연이 지켜낸 약속이 아니겠는가. 묵묵히 약속을 지켜낸 자연의 변화를 보며, 봄은 다시 오지 않을 계절이라던 지난겨울의 객기(客氣)는, 혹한과 구제역을 앞에 두고 초라하게 변한 내 부끄러운 모습이었다.

겨울 다음 봄으로 가는 약속의 교훈을 깨달으며 또 하나의 약속을 더듬어 본다. 안동에서 구제역이 발생했다는 소식이 들리기 무섭게 우리는 온몸에 진이 다 빠지도록 막았다. 우리도 막고 축산 농가도 막고 모두 하나가 되었다. 그렇게 한 달을 버티던 중에 구제역이 발생했다는 소식을 듣고 공포로 온몸을 떨었다. 지난 한 달간의 노고가 허탈감으로 변하고, 급기야 눈물로 변하고야 말았다.

그간 노심초사하시던 강 국장님께도 뵐 면목이 없어져 버렸다. 경기도와 강원도에서 들불처럼 타오르는 구제역 소식을 접하실 때마다, '아무리 잘해도 저렇게 막무가내로 밀고 들어오는데 무슨 수로 막아내나?'라며 늘 걱정을 지고 계시던 분이셨다.

그 걱정을 곱씹어 가만히 생각해 보니 후일 직원들이 마음고생할까 따뜻한 마음으로 뒷문을 열어 주신 것이었다. 공직 생활을 아름답게 마무리하도록 도와드려도 모자랄 판에 이만한 불충이 어디 있나 싶어 걱정은 태산이 되어갔다.

이런 우리의 마음을 알고 계셨을까? 어느 날 강 국장님께서 의외의 약속을 자청하고 나서셨다. 얼마 남지 않은 공직 생활을 마무리하는 날, 구제역까지 몰아서 함께 짊어지고 나가겠다는 약속이었다. 누가 하자고 한 것도 아닌데, 생뚱맞은 약속처럼 들렸다. 다른 해와 달리 극성스러운 구제역 광풍은 그 끝이 보이지 않는데 말이다. 그렇지만 당신을 위한 약속이 아닌 도민을 위한 약속, 고생하는 직원을 위한 약속, 무엇보다 풀 죽은 직원들을 위한 위로의 약속이셨다.

자고로 질병을 두고는 의사도 장담하지 않는다고 했는데 강 국장님의 약속은 어김없이 지켜질 것 같다. 아름다운 봄날을 여유롭게 즐기는 내 모습을 보는 것만으로도 약속은 이미 지켜진 것이 아니겠는가. 그간 눈에 보이지 않는 지혜의 힘으로 의욕을 북돋아 주시고 현명한 판단의 길을 선택해 주신 결과가 꽃으로 활짝 피어난 것 같다.

긴긴 겨울 동안 잃어버린 것들과 얻은 것들을 기억한다. 가축도 잃고, 민심도 잃고, 발등의 뼈는 으스러지고, 머리가 함몰되고, 아예 희망을 꺾어버린 농부도 있었다. 공무원의 희생정신은 구제역을 통하여 살아 있음을 얻었고, 포기보다는 용기를 얻었다. 무엇보다 동료 직원들의 따뜻한 사랑을 얻었다. 그중에서도 세상 어떤 약속보다 아름다운 약속을 지키고 떠나시는 국장님의 모습은 잊지 못할 기억으로 남았다.

일 년에 네 번 계절이 순환하는 동안 그 모습이 시시각각 변하지만, 때가 되면 항상 그 자리로 돌아오는 자연의 약속에서 의미를 찾아본다. 우리 인생 여정도 헤어짐과 만남이 반복하는 가운데 많이 변하지만, 언제 어디서 어떻게 변할지라도 목련꽃이 피고 지는 이 자리에서 한결같은 만남의 약속을 해 본다.

광우병에 대한 그때 그 단상

광우병을 글자 그대로 풀이하면 소가 미치는 병이다. 사람이 미치는 것은 정신적인 것이지만, 개가 미친다는 광견병은 바이러스에 감염된 결과이며, 소가 미친다는 광우병(지금은 전염성 해면상뇌증으로 부른다.)은 변형된 프리온이라는 단백질이 원인이다. 원인과 병리적인 형태와 증상이 제각각 달라도 모두 광증(狂症)이라는 병명을 달고 있는 이유는 머리에 이상이 생긴다는 공통점 때문이다.

요즘 항간에 미국산 쇠고기를 팔아 주겠다고 약속한 것이 화두에 오르면서 사회가 시끄럽다. 그 논란의 한가운데에 '광우병'이 있다. 값싼 쇠고기를 먹을 수 있어 좋아하는 사람도 있고, 분노하는 사람도 있다. 순수하게 값도 싸고 품질도 좋은 것이라면 일말의 수긍은 하겠으나, 엄밀히 따져보면 그런 것도 아닌 것 같다. 그런데도 이렇게 결정을 내린 것은 국가 대 국가의 실익과 경영 차원 그리고 대의적인 차원에서 내린 고뇌에 찬 결단이었으리라고 생각한다.

아무리 경제가 중요하다고 해도 국민의 건강과 경제를 맞바꾸어서는 곤란하다. 국민의 육체적, 정신적 건강은 돈으로 계산할 수 없는 소중한 자원이며, 한 나라 국민들의 정신적 자존심이기도 한 문제다. 국민들이 태극기를 바라보며 국가 발전을 위해 충성을 다할 것을 다짐하는 것처럼, 국가는 국민의 생명을 지켜야 하는 것이 존립 근원이다. 영화 '라이언 일병 구하기'는 단 한 사람, 한 가족의 행복을 위해 국가 차원에서 구출하는 내용으로, 타국에서 인질로 잡힌 자국민들을 구하기 위해 노력하는 것은 국가의 의무를 충실히 이행하고 있는 사례라고 하겠다.

국민 보호의 방법이 반드시 육체적인 것만은 아니다. 안전한 먹거리를 제공하여 국민의 건강을 지키고, 유해하거나 잘못된 문화를 제지하여 건전한 정신문화를 지켜야 한다. 작금의 미국산 쇠고기 수입 과정을 보면 미국에서 광우병이 발생한 이래 그동안 지켜온 우리의 소비 자존심이 한순간에 무너진 기분이다. 국가 검역은 국민들의 건강을 지키는 수단이다. 국민의 건강을 포기한다는 것은 검역 주권을 포기하는 것이 아니겠는가. 그런데도 경제 논리에 밀려 힘없이 무너지던 날을 우리는 검역 국치일이라고 부른다.

한우가 너무 비싼 탓에 일반인들이 먹기엔 부담스러운 것도 사실이다. 마치 있는 사람들이나 먹을 수 있는 전유물과도 같은 상징적 식품일 정도이다. 그래서 쇠고기는 예전이나 지금이나 서민들에게는 귀한 음식으로 자리매김했다. 이런 사정으로 수입 쇠고기를 개방하면 '질 좋은 고기를 들여와서 일반 시민들이 값싸고 좋은 고기 먹는 것'이라며 좋다고 한다. 그러나 아무리 값이 싸고 맛있어도 안전해야 한다.

구미식 목축 방법과 확연히 다른 동양권, 특히 일본에서 광우병이 처음으로 발견되었다고 해서 놀랐다. 그보다 더 놀란 것은 도축 검사를 하던 수의사가 광우병이라는 사실을 간과했다는 이유로 책임감과 자존심에 상처를 입어 자살하게 된 사건이었다. 일본 특유의 문화적 차이라고 넘길 수도 있다. 다른 시각으로 본다면 개인의 자존심 문제였고, 공직자 신분의 중대한 책임성을 보여주는 한 단면이었다.

이후로 일본의 도축장에서는 광우병 위험 물질인 뼈, 내장, 혈액 등은 모두 폐기한다. 완벽하게 처리한다고 해도 완전히 제거되었다고 확신하기는 어렵다. 혹시나 싶어 끓이고 삶아도 없어지지 않는 것이 프리온이기 때문이다. 그렇다고 먹고 당장 증상이 나타나지 않으므로 괜찮다고 말할 수도 없는 것이 광우병이다.

우리나라도 광우병 발생에 대비한 예방 조치를 한다. 사료에 동물성 육골분을 사용하는 것은 이미 금지되었다. 유사 증상이 있는 소는 반드시 검사해야 시중에 유통된다. 유사 증상이 없더라도 국제 기준에 따라 일정 수 이상으로 모니터링을 하고 검사를 한다. 비발생 국가임에도 미국보다 훨씬 높은 차원의 광우병 모니터링 수준을 유지하고 있다.

그런데도 혹시 모를 광우병 발생에 대비해서 가상훈련까지 한다. 만약 단 한 마리라도 광우병에 걸린다면 앞으로 사골 곰국은 물론 순대도 구경하기 힘들지도 모른다. 국내산 쇠고기는 너무하다 싶을 정도로 철저하게 통제하면서 수입 쇠고기에 대해서는 한순간 관심을 놓아 버렸다.

한국 쇠고기의 시장 규모는 국제적 규모로 볼 때 아주 작은 시장이다. 그러나 세계에서 가장 매력 있는 쇠고기 소비 시장이기도 하다. 쇠고깃값이 세계에서 가장 높은 수준이므로 우선 가격 경쟁력에 있어서 유리하다. 거기에다 뿔, 털, 발굽을 빼고는 모두 먹는 식습관까지 가지고 있다. 그래서 한국에서는 쇠고기를 비싸게 팔 수 있을 뿐만 아니라, 그들이 먹지 않고 폐기하는 뼈와 내장까지 돈을 받고 수출할 수 있으니 일석이조 이상을 얻을 수 있는 좋은 시장인 것이다.

우리 농촌의 자존심을 대표하는 것이 바로 쌀과 한우이다. 그중에 농업 소득의 가장 큰 부분을 차지하고 있는 것이 한우로 대표되는 축산업으로, 농촌 경제를 실질적으로 이끌고 있는 산업이라고 할 수 있다. 이 산업이 무너지면 농촌 경제와 함께 국민의 자존심도 흔들린다.

지금도 폐농하는 사람이 많은데 앞으로 텅 비게 될 축사를 상상하면 우리 농촌은 더욱더 황량해질 수밖에 없을 터다. 산에는 우거진 숲 속에서 지저귀는 산새들이, 들에는 바람에 출렁이는 곡식들이, 그리고 집집마다 어미 소를 찾아 우는 송아지 소리가 들리는 곳이 우리가 꿈꾸는 농촌이다.

농지는 점점 없어지고, 축사는 비어가며, 아이들 소리조차 듣기 힘든 농촌의 현실. 황폐해지는 겉모습처럼 농심(農心)도 거칠어지게 될 황량한 농업 현실이 무서움으로 다가온다. 언젠가 닥칠 식량 무기화 시대를 대비해서 저개발 국가에 농지를 임대할 계획이란다. 식량이 곧 주권이며 전쟁인데 한국의 먹거리 주권을 그들이 영원히 보장해 줄지 생각해 볼 일이다. 농업은 여전히 국가의 미래이다. 농자는 여전히 천하지대본이다. 당장 농업 부분에서 생산성이 낮다고 소홀히 하는 것은 우리의 미래를 포기하는 것과 마찬가지다.

구제역 일기

1. 일기

12.24.

한 달 넘게 출근하는 날마다 하루에 한 개씩, 동전 쌓기를 하고 있다. 꽤 많이 쌓았고 높이 올라갔다. 하지만 크리스마스이브에 하는 동전 쌓기가 재미있지만은 않다.

12.25.

크리스마스 아침에 눈이 내린다. 바이러스가 눈 속에 묻힐까? 밤 12시, 상급 기관에서 상황실 점검이 있었다. 늘 그렇듯이 혼이 났다. 야속했다. 고생은 고생이고 확인서는 확인서지만 화가 많이 난다.

12.26.

오늘도 눈이 내리지만 하얀 설경을 감상할 여유가 없다. 구제역이 턱밑까지 들어왔기 때문이다. 점점 목을 조여 오는 것 같아 밥맛이 쓰다. 동전을 제법 높이 쌓았는데, 두 번째로 흔들거린다. 연말에 고생한다며 지사님과 함께 하는 칼국수 한 그릇으로 용기를 내보지만 불안감은 가시질 않는다.

조금 있으면 어머님 제사를 시작할 시각이다. 올해는 기제(忌祭)에 참석을 할 수 없다. 어머니! 형님께서 준비하신 조촐한 제삿밥 맛있게 드세요.

12.27.

혓바닥이 갈라졌단다. 거품이 섞인 침을 흘린단다. 살다 보면 하늘이 노랗게 보일 일도 많지만, 침을 많이 흘린다는 소식에 하늘이 노랗다. 동전을 쌓던 탑이 와르르 무너져 내렸다. 옆 동네에서 구제역이 계속 발생하여 오금이 저리도록 긴장하면서 한 달 동안 버티어 왔는데, 한순간 물거품이 되어 버렸다.

12.28.

외딴집에서 발생했으니 충분히 차단될 것으로 생각했다. 주변에 농장이 많지 않은 것도 그런 판단의 기준이 되었다. 그러나 그 벽을 뛰어넘으면 어떡할 것인가? 악몽이 망령처럼 되살아난다. 큰 것을 위해 좀 더 희생해야 한다는 판단으로 살처분 규모를 늘렸다. 함께 협의한 분들 생각도 마찬가지고, 그래서 그렇게 결론을 냈다.

한 방에 훅 가버리는 허탈함. 예방접종을 해도 모두 살처분한다는 흉흉한 소문이 떠돌아다닌다. 전화로 듣는 항의와 하소연에 대해 일일이 설득해 본다.

12.29.

심각 단계로 올렸다고 한다. 행정안전부 장관이 직접 설명하고 더 큰 노력을 당부했다. 희생을 감수하는 축산 농가도 애국자이지만 방역 관계관도 애국자라고 한다. 애국자! 나라를 사랑하는 마음은 있지만 흔히 말하는 애국자로서 자격이 있긴 있는 것일까?

밤 12시가 넘어 집에 도착하니 창밖에 눈이 펑펑 내린다. 이젠 눈이 내려도 걱정이다. 농업 부서는 눈비 오고, 바람 불고, 해가 떠도 걱정이라는데, 나도 다를 바 없게 되었다.

12.30.

모 군수와 축협 조합장이 예방접종을 설득해야 함에도 반대 입장을 표명했다. 내로라하는 수장의 생각이 그렇다고 하니 피곤이 몰려온다. 전쟁 같은 심각성은 어디에 버렸는지. 단 한 사람의 인력도 부족한데, 황금 같은 하루가 덧없이 흘러간다.

12.31.

결국 종무식을 취소했다. 불꽃이 피어오르는 송년의 밤도 취소했다. 화려함을 뒤로하고 지사님을 비롯한 인사들이 방역 초소를 위로 방문하는 것으로 대신했다.

예방접종을 거부하던 사람들도 이제는 접종하기로 했다는 소식이 들려왔다. 그러나 오후 늦은 시간에 겨우 서너 농가만 접종을 마치고 또 내일로 넘겼단다. 내일은 마무리될까? 기왕에 하는 예방접종, 빨리 해야 그 효과가 나타날 텐데.

양돈 농가에서 또 수포 증상으로 신고가 들어왔다. 다행히 증상이 심각하지는 않다고 한다. 돼지 앞에 가서 고맙다고 큰절이라도 해야 할 것 같다.

1. 1.

새해 첫날이지만 다른 날과 다름없다. 새해 발걸음이 가볍지도 않은데, 천안에서 구제역으로 확실시되는 의심 신고가 있었다고 한다. 동쪽에서 북쪽에서 도(道) 경계선 지역에 전방위로 압박해 오더니 이번에는 서쪽이란다. 다시 숨통이 조여 오는 듯한 상황이 전개된다.

양성이라고 믿고 싶지 않을 뿐이다. 오히려 이웃 도(道)에서 미리 알려주고 대강의 역학도 알려 주었으니 고마울 따름이다. 같이 어려움을 겪는 동료로서 어찌 원망할 수 있을까? 새해 큰 선물. 그래 이것도 선물이라고 생각해야지. 이런 상황에서 새해 시무식이 열리고, 점심으로 먹은 떡국 한 그릇의 양은 왜 그렇게 많아 보이는지….

1. 2.

긴급 영상 회의를 소집하였다. 그렇게 분주한 것까지는 좋은데 한끝 동네에서 신고가 들어왔다. 현지에 간 후배가 판단을 못 하겠단다. 어찌해야겠는가? 정밀 검사를 해야지 하고 한숨이 깊어진다.

빙 돌아가는 경계선을 넘나드는 구제역 위협이 살얼음판에서 물속으로 빨려드는 기분. 검사 결과만 좋다면 이번에는 송아지에게 넙죽절이라도 하고 싶다.

2. 어버이날

오늘 아침은 참으로 깨끗하다. 평소에 뿌옇게 보이던 월악산 영봉도 바로 눈앞에 버티고 있고, 다른 해 같았으면 가뭄에 허덕일 산야가 푸르다. 비가 온 후라 평소라면 초여름 기운을 만끽하겠지만 요즘은 그렇게 여유로운 생각을 할 수 없다.

질병 예찰이다 아니면 역학조사다 하면서 축사(畜舍)를 찾아 헤매다 보면, 어느 순간 고약한 냄새가 옷에 배고, 매캐하게 뿜어대는 소독약과 어우러져 야릇한 냄새로 변한다. 구제역 신고가 들어오면 가장 먼저 출동해야 하고, 안성과 진천에서 발생한 농가와 접촉한 사람들, 같은 사료를 먹인 농가들을 일일이 찾아내서 재검사해야 하고, 소독을 잘하나 못하나 점검도 해야 하고, 농가를 돌면서 짐승들 얼굴도 면접

해야 한다. 한마디로 반겨주는 사람 없는 그런 생활이다.

오늘은 5월 8일, 얼른 집에 가야지. 아이들이 선물을 준비했을 텐데, 그것보다 시골에 계신 어머님께 먼저 전화부터 해야겠다.

3. 이팝꽃 피었는데

가로수 이팝나무에 하얀 꽃 수술이 바람에 살랑거린다. 늦은 아침 식사를 위해 사무실을 나서니 층층나무 꽃이 층층이 피었다. 갑갑한 상황실을 나설 때마다 새로운 봄꽃을 하나씩 발견된다. 미백색 목련꽃이 질 때부터 시작된 본격적인 구제역 상황실 운영. 그간 수수꽃다리며, 앵두꽃, 진달래 모두 피었다 지고, 붉은 물감이 뚝뚝 떨어지던 영산홍 꽃잎도 시들해졌다. 요즘은 한창 피어나는 이팝나무, 층층나무 그리고 찔레꽃 향기가 5월 중순의 주인이다.

구제역 상황실은 변한 모습이 하나 없다. 꽃잎은 피고 지고, 우암산과 정원의 느티나무는 녹음으로 짙어져 가며 계절이 바뀌는데 상황실 모습은 언제나 변할까? 이렇게 좋은 봄날, 화창한 5월 초여름에 오늘은 여유롭게 이팝나무 가로수 길을 걸어 볼 수 있을까? 꽃향기가 어떨지 궁금하다.

4. 장모님

날이 참 좋다. 이런 날이면 들로, 산으로, 아니면 강변으로 물놀이를 갈까 고민하고 있을 시간이다. 더군다나 황금 같은 3일 연휴까지.

어젯밤에는 모처럼 구제역을 잊어버리고 시내 식당에서 술도 한잔 했다. 많이 취해서 인사불성이 되었다. 집에 와서는 무엇으로 안주했는지 변기 앞에서 확인까지 했다.

암(癌) 수술을 마치고 모자를 쓰고 다니시는 장모님, 어제는 아내와 함께 집에 오셨다. 새벽 한 시를 넘겨서 들어갔으니 인사를 못 드렸다. 아침에 방에서 나오신 어머님은 모자를 쓰시지 않아 더욱 수척해지신 모습을 한눈에 볼 수 있었다.

노후가 건강하고 편안해야 하는데, 병마까지 얻어 고달픈 어머님을 뵈니 가슴이 아프다. 식사도 함께하지 못하고 쓰린 속을 달래는 밥 한 숟갈만 먹고 사무실로 나왔다. 그동안 장모님께 잘해드리지 못해 죄스러운데, 살갑게 '사랑합니다.' 이 말 한마디를 또 못 했다.

5. 출소

옥상에 올라서니, 우암산 기슭에 아카시아 꽃이 하얗게 피었다. 잘 맡아보면 향기가 사무실까지 내려온 것 같다. 눈부신 5월의 태양을 보니 만기 복역하고 교도소를 나서는 죄수 같다. 오랜만에 보는 햇살이 너무도 화려해서 눈도 뜰 수 없는 실내 생활. 그러고 보니 오늘이 꼭 한 달이 된 날인가 보다. 사무실에 꼭 갇힌 채 먹는 것도, 씻는 것도 이곳에서 해결하다 보니 사무실이 내 집 같기도 하고, 교도소 같기도 하다.

이동 제한 해제가 연기되는 바람에 빗발치는 민원 전화를 받을 때마다 미안하다, 송구하다는 말이 인사가 되었다. 속이 꺼멓게 타들어 가는 축산 농가들과 비교하면 정자 그늘 아래에서 쉬고 있는 선비일지도 모르겠다. 모두가 조금 더 버티면 육중한 교도소 문을 열고 새 세상을 향해 출소하는 기분을 느낄 수 있을 것이다. 구제역 상황실을 나설 때도 별반 다르지 않을 것 같다. 빨리 출소하고 싶다.

내 가슴에 조류인플루엔자

1. 목격

"그 농장에 채혈하러 가야 하는데 전화를 미리 좀 해주시죠."

사무실에 오자마자 방역사가 기다렸다는 듯이 부탁을 해 왔다. 중견 양계인이며, ○○부화업을 겸업하는 농장으로 업계에서는 잘 알려진 사장님이었다.

"사장님 계시나요?"

무슨 일이 있어서 출타 중이라는 말에 농장장에게 오후에는 채혈반원이 갈 거니까, 업무에 잘 협조해 주길 부탁드린다며 전화를 끊었다. 이제 현장으로 가야지 하고, 주섬주섬 몇 가지 방역 장구를 챙기고 급하게 겨울 아침 찬바람을 가르며 시원스레 열린 4차선 국도를 달렸다.

목적지 인터체인지에서 내려 농장 방향으로 돌아설 즈음, 승합차 한 대, 우유차, 그리고 구급차와 경찰차, 웅성대는 사람 한 무리를 뒤로 한 채 우리는 여느 교통사고 현장처럼 무심코 지나쳤다.

2. 사고

조류인플루엔자가 발생했던 초반과 달리 중반부터는 공무원, 군인 병력까지 들어왔다. 그들은 살처분이 끝나자 모든 것이 끝난 양, 이제는 도움의 손길마저 끊어 버렸다. 폐허로 변한 발생 농장. 아직도 축사 안에 있는 오염된 물건들과 흉물스러운 기구들, 보면 볼수록 2차 방역 작업에 가슴만 답답해져 옴을 느낀다.

잠을 자도 자지 않은 듯, 음식을 먹어도 먹지 않은 듯, 생리적 욕구 충족의 리듬을 잃어버린 지 이미 오래되었다. 오늘도 이 황량한 폐허를 목격했으니 또 잠을 설칠 것이었다. 긴 한숨과 함께 묻어나오는 파란색 담배 연기가 비웃듯이 잠시 아롱거리다 차가운 하늘로 흩어졌다.

철 지난 크리스마스 캐럴이 호주머니 속에서 울리고 있었다.

"ㅇㅇ농장장인데요, 오늘 오후 채혈 작업 연기해줄 수 없나요?"

"왜 그러시는지요?"

"오전에 출타한 사장님이 교통사고를 당해서 돌아가셨습니다."

깜짝 놀랐다. 평소 방역 업무에 협조도 잘해주시고 후덕하셨던 분께서 불의의 사고로 유명을 달리하셨다는 얘기였다. 후문을 들어보니 출타 중에 운전대를 잡으면서 무슨 고민에 잠겨 잡생각에 빠졌는가 보다. 길옆의 가로수를 들이받고도 30미터 이상 방향 전환도 하지 못한 채 직진하다 깊은 수렁에 빠졌다고 한다. 현장에서는 잠시 살아계셨지만 병원에서 끝내 운명하셨다는 얘기였다. 잠시 시간이 멍하게 흘렀다.

"네, 알았습니다. 그렇게 하죠."

3. 기절

2003년 12월 11일

매번 점심을 시켜만 먹다 오랜만에 직원들과 함께 시내에 떡만둣국을 먹으러 갔다. 다 먹어갈 즈음 요란하게 울리던 전화 한 통, 입술만 달싹거리는 듯한 목소리로 무작정 집으로 와달라고 하면서 울먹였다.

급히 준비해서 농장에 가니 농장주는 식음을 전폐한 채 그동안 정신을 잃었다가 겨우 깨어나 링거를 맞고 잠시 정신을 차려 전화했다고 한다. 농장을 보니 온통 하얗게 널브러진 닭들의 주검. 우리나라에 이만한 병원성을 가진 닭 질병을 그간 보지 못했다.

이미 개인 병원을 통하여 중앙 방역 기관에서 검사 중이라고 했다. 급히 전화를 넣으니 고병원성 조류인플루엔자에 확실한 무게를 두고 검사가 진행 중이라고 했다.

4. 연관성

문과 환기구를 닫고 축사를 밀폐시켰다. 그리고 분무 소독 장치를 가동하고 다음에 해야 할 일을 바쁘게 진행했다. 방역에 필요한 사람들은 금방 지원되지 않았다. 할 수 있는 일이라고는 실의에 빠진 주인을 더욱 힘 빠지게 하는 초기 역학조사뿐이었다.

"부화용 종란은 어디로 가나요?"
"○○ 부화장으로 갑니다."

대략적인 역학조사를 마친 다음 날, ○○ 부화장에서 부화 중이거나 대기 중인 계란 70만 개 정도를 소독하고 폐기했다. 부화기와 관련된 기구며 소모품까지 모두 소각, 소독, 매몰하였다. 그리고 곧바로 폐쇄 조치에 들어갔다.

부화장 사장님은 발생 농장에 종란값으로 선지급된 돈이 만만치 않아 걱정이 태산이었다. 어쩌면 하루아침에 부도 위기에 몰릴지 모르는 처지가 되고 만 것이다. 겨우 수습하고 보상금 일부를 받아 다시 가동하게 될 즈음, 무슨 볼일이었는지 아침에 나선 사장님의 승합차는 가서는 안 될 길로 들어서 버린 것이었다. 조류인플루엔자라는 소리 없는 전쟁 속에 누구의 관심도 받지 못하고 그렇게 첫 희생자가 발생했다.

조류인플루엔자 아니 조류독감! 그들은 닭의 호흡기 속으로 침투한 것이 아니라, 우리의 가슴속을 헤집고 다니고 있었다. 모두가 접근을 꺼리던 그 농장을 사명감 하나로 들어가야만 했던 방역관들과 농민들의 가슴을 파먹고 있었던 것이다. 빈소에 분향 되는 사장님의 초점 잃은 영정이 어제 아침에 피우던 담배 연기처럼 허공을 맴돌았다.

동물 위령제

인류의 첫 번째 산업혁명이 신석기 혁명이라면 틀렸을까? 200만 년 이상 채집 생활을 하던 인류는 신석기 시대에 이르러 농경 사회가 시작되었다. 농경문화가 발달함에 따라 야생동물도 수렵하는 대신 길들여 가축으로 사육하였다.

다큐멘터리 '차마고도'에 나오는 이야기다. 티베트 접경 지역인 중국 옌징에는 소금 계곡이 있다. 이곳 사람들은 홍염(紅鹽)을 생산하여 메리설산 너머 티베트 주민들이 생산한 곡물과 물물교환을 하며 살아간다.

티베트 사람들이 구입한 홍염은 야크를 길들이고 통제하는 수단으로 사용된다. 야크는 유일하게 소금 섭취원이 되어주는 사람을 따를 수밖에 없었던 것이었다. 다른 동물들도 비슷한 원리에 따라 가축화되었을 것 같다. 가축은 사람을 위해 일하고, 사람은 가축을 야생의 위험에서 지켜주는 것으로 동거가 시작되었다.

가축화된 동물은 최후에 사람들에 의해 희생을 당하는 운명을 타고 났다. 사람의 노동을 대신하며 살다 사람을 위해 죽는 것이 그들의 운명이다. 그렇게 생각하니 가축들이 측은해지고 참 미안해졌다.

동물 위령비가 곳곳에 있다. 동물실험 연구소나 도축장 한 모퉁이에 주로 세워져 있다. 정상적으로 산 것 같기도 하고 아닌 것 같기도 한 동물들의 삶. 최종적으로는 사람을 위해 희생당한 동물의 넋을 위로하는 마음과 감사한 마음으로 위령비를 세운다. 동물 위령비 앞에 서면 희생된 동물에 대한 감사와 위로의 마음을 잠시나마 가져보게 된다.

최근 들어 다른 이유로 희생된 동물이 많았다. 몹쓸 전염병에 걸려 살처분 당한 가축들이다. 그런 동물을 위해 해마다 위령제나 천도제를 지내 주는 사찰도 있다. 위령비를 세우거나 천도제를 통해 가축이 사후 세계에서 천수를 누릴지는 모르겠지만, 사람들도 이런 형식을 통해 조금이나마 미안한 마음을 덜고 다시는 이런 일이 생기지 않도록 기원한다.

전염병으로 인한 가축의 희생을 최대한 막기 위해 담당 부서와 인력을 개편했다. 처음 할 일로 희생된 동물의 넋을 위로하는 행사를 열자고 고 부지사님께서 제안하셨다. 희생당한 동물도 그렇지만 밤낮없이 방역에 매달려 온 직원들을 위로하려는 따뜻한 배려이기도 하셨다.

제물로 돼지머리를 올리고, 향을 사르고, 축문을 읽으며 우리의 진심을 빌었다. 희생된 가축을 위한 위령제 제물에 돼지머리를 올리다니! 우리의 모진 이기심을 보는 것 같아 맘이 내키질 않았다.

그러나 전해 내려오는 이야기에 따르면, 옥황상제는 복 장군을 돼지로 환생시켜 사람들의 소원을 듣는 중개 역할을 하도록 했다고 한다. 이때부터 고사(告祀)상에 돼지머리를 올리게 되었다고 하는데, 삶과 죽음 그리고 사후 세계에서까지 사람을 위한 역할을 담당하는 것이 돼지였다고 한다.

참석자 모두 그들이 사후 세계로 평안하게 인도되길 기원하였다. 다시는 살처분 같은 불행한 일이 일어나지 않도록 바랬다. 간절함이 통했을까? 이후로 전염병으로 인한 희생이 크게 줄었다. 믿음의 결과라고는 할 수 없지만 전해 내려오는 이야기처럼 희생된 가축이 죽어서도 덕을 베푼 것이 아닐까? 하는 의미를 부여해 본다.

우리 삶에 꼭 필요한 모든 음식은 누군가의 희생으로 차려지는 것들이다. 특히 고기는 동물이 생명을 내어놓은 결과물이다. 이런 음식의 고귀한 희생을 생각할 때 허투루 버리거나 천대시하는 일이 없었으면 좋겠다. 가축과 동거하는 동안에는 굶기거나 때리거나 밀식하거나 하는 학대 행위도 없어야겠다. 그들을 양적으로 번식시켜 살찌우는 방식에서, 살아서 만큼이라도 본능대로 안락하게 살 수 있도록 배려하며 키우는 방향으로 나아가야 할 것이다.

고사를 통해 죽은 동물을 위로하고, 안전하게 살 수 있도록 읽은 축문을 오래 간직하고자 한다. 내 직업의 지침으로 삼고자 한다.

'사람과 가축이 함께, 질병으로부터 고통 없는 행정을 펼치고자 하오니,
충실히 소임을 다할 수 있도록 날개를 달아 주시고,
좋은 기운이 곳곳에서 용솟음치도록 도와주소서.'